Paul Kalola Bupe

Jésus le Fils de Dieu

Paul Kalola Bupe

Jésus le Fils de Dieu

Toile structurante du discours christologique africain

Éditions Croix du Salut

Imprint
Any brand names and product names mentioned in this book are subject to trademark, brand or patent protection and are trademarks or registered trademarks of their respective holders. The use of brand names, product names, common names, trade names, product descriptions etc. even without a particular marking in this work is in no way to be construed to mean that such names may be regarded as unrestricted in respect of trademark and brand protection legislation and could thus be used by anyone.

Cover image: www.ingimage.com

Publisher:
Éditions Croix du Salut
is a trademark of
Dodo Books Indian Ocean Ltd., member of the OmniScriptum S.R.L Publishing group
str. A.Russo 15, of. 61, Chisinau-2068, Republic of Moldova Europe
Printed at: see last page
ISBN: 978-620-3-84172-5

Paul KALOLA BUPE

Jésus le Fils de Dieu

Toile structurante du discours christologique africain

Remerciements

Nous présentons notre profonde gratitude à Mgr Gédeon Ilunga, aux abbés Dieudonné Lenge, Jean-Claude Kasongole, Jérôme Mulunda et au Père Jean-Luc Vande Kerkhove pour leurs précieuses remarques et suggestions après avoir lu l´intégralité du manuscrit.

Préface

C'est avec grand plaisir que je préface la publication de mon collègue à l'Institut St François de Sales à Lubumbashi. Celui-ci s'était déjà illustré par la publication de sa thèse défendue à l'Université de Vienne qui traitait déjà de christologie. Voilà qu'il nous revient avec un ouvrage sur Jésus Fils de Dieu comme toile structurante du discours théologique africain.

Dans le parcours sur la généalogie de la christologie africaine, l'auteur montre très opportunément une certaine filiation de la christologie africaine des titres avec les études exégétiques sur les titres christologiques menées par des auteurs comme Oscar Cullmann, Ferdinand Hahn, ce à travers l'œuvre des pionniers John Mbiti et Kofi Appiah Kubi. Ceux-ci prennent leur point de départ dans les titres bibliques pour s'interroger sur leur signification pour les chrétiens africains. L'auteur déplore que John Mbiti n'ait pas été à même d'accorder au titre de Fils de Dieu toute la densité théologique requise, étant donné le rôle que ce titre a joué dans le développement de la confession de foi et du dogme christologique. Il est convaincu que ce titre possède une signification normative et interculturelle.

S'appuyant sur les travaux de Ruben Zimmermann, il montre comment ce titre de Fils de Dieu synthétise en lui les dimensions anthropologique, historique, théologique et ecclésiologico-eschatologique. C'est dire combien il occupe et doit occuper une place centrale dans toute élaboration d'une christologie systématique aussi en terre d'Afrique. L'auteur lui trouve par ailleurs d'autres dimensions qui viennent s'ajouter aux premières : les dimensions sotériologiques et cosmiques qui en font un titre incontournable avec une extraordinaire densité théologique. Il permet de rendre compte des différentes facettes du mystère du Christ comme Fils de Dieu incarné et sauveur. L'image de la toile d'araignée permet de saisir comme chacune des dimensions se rapporte aux autres.

Il expose en premier les fondements néotestamentaires de la dimension anthropologique. A travers les images qu'il emploie, Jésus apparaît comme l'image-miroir de leur propre univers d'expérience. L'image du Fils se réfère à une des structures élémentaires de l'humanité, la famille, en particulier à la relation père-fils, mais Jésus transcende cette image et va au-delà des relations familiales ordinaires. Du point de vue de la christologie africaine le titre de Fils de Dieu a été adopté par John Mbiti comme trouvant un écho dans les religions de plusieurs peuples africains où on retrouve ce sujet d'un dieu fils de Dieu. L'auteur fait remarquer qu'il ne pourrait s'agir que d'un point de départ, mais surtout que Mbiti a orienté la christologie dans une direction où les titres bibliques ont été mis de côté au profit des précompréhensions culturelles africaines. C'est dans ce sillage que d'autres auteurs ont suggéré d'appeler le Christ (Proto)ancêtre, Maître d'initiation, Frère aîné, Guérisseur, Chef... plusieurs partant de la perspective d'une christologie d'en bas. C'est ainsi qu'on note une dynamique ascendante de la christologie africaine dans la ligne du Christ comme Maître d'initiation, Ancêtre et Chef. Les protagonistes du Maître de l´initiation font apparaître comment le Christ est l'accomplissement de l'homme. La catégorie de l'ancestralité rend possible de considérer à la fois sa vie terrestre et le rôle qu'il joue auprès du Père après sa résurrection d'entre les morts. La dynamique ascendante elle s'exprime chez C. Nyamiti. Le danger qui a été souligné est que cette catégorie de l'ancestralité prenne plus d'importance que celle de la paternité. Bien qu'il croie pouvoir reconnaître dans le Christ l'esprit procréateur, l'ancêtre et le détenteur de tous les destins Julien Efoé Penoukou ne retient pas pour autant qu'ils puissent remplacer les titres de Fils (de Dieu) et de frère. Masumbuko

Manunguri propose une christologie de l'incarnation qui fait droit à la transcendance et à l'immanence, lesquelles se manifestent sur plusieurs axes selon les cultures africaines. Il en conclut que le Logos incarné est la révélation parfaite du Dieu des ancêtres. Luka Lusala Lu Ne Nkuka retrouve dans plusieurs traditions religieuses africaines la grammaire chrétienne du salut qui fait que l'homme ne peut se le procurer par lui-même. En conformité avec son ouvrage, Paul Kalola voit au-delà du paradigme de la grammaire un paradigme plus englobant, le paradigme mythique.

Il fait alors remarquer que les nouvelles orientations de la christologie en terre d'Afrique ont tendance à mettre en avant le caractère sotériologique, faisant valoir que la christologie des titres ne parvient pas à répondre aux multiples défis du continent. A raison, l'auteur fait valoir qu'une telle mise en valeur de la dimension sotériologique ne saurait toutefois se faire sans prendre en compte la tradition vivante de l'Eglise qui charrie la réflexion des chrétiens au long des siècles. La tâche qui revient alors au théologien africain, selon Léonard Santedi, est d'interpréter de manière créatrice, vivante et inculturée les données de la foi.

Dans la deuxième partie, l'auteur fait judicieusement remarquer que Jésus-Christ ne saurait être considéré simplement comme image-miroir d'une praxis de vie, mais qu'il est impératif de prendre en compte l'histoire qui est la sienne, une histoire qui s'insère dans celle du peuple de l'Alliance. Se référant à F. Mußner, il montre comme les haut-titres christologiques eux-mêmes ne sauraient être compris à leur juste mesure en dehors de leur relation à la vie de Jésus. Les évangiles les insèrent dans des récits qui permettent d'éviter des interprétations non conformes à la réalité de l'événement Christ. La Tradition a poursuivi cet effort de préserver le caractère historique et les théologiens contemporains, en se démarquant des approches purement spéculatives n'ont pas manqué, eux aussi, de mettre en évidence le caractère historique de Jésus-Christ comme point de départ de toute réflexion christologique. Selon l'auteur, la christologie africaine des années quatre-vingt a partagé avec la christologie occidentale le même souci de partir de l'histoire de Jésus. Paul Kalola conteste l'affirmation que j'ai pu faire que les théologiens africains n'ont pas participé beaucoup aux débats sur le Jésus historique en raison du caractère technique de ceux-ci. Mon intention n'était nullement de contester la capacité des théologiens du continent. Il me semblait qu'il s'agissait d'un simple constat : peu d'auteurs africains ont produit des ouvrages sur le Jésus historique. Selon moi cela ne dépend nullement de leurs capacités, mais plutôt des difficultés d'accès à la littérature spécialisée dans ce domaine. Cela n'enlève, par ailleurs, rien au fait qu'ils se soient montrés au courant de ces recherches, comme le montre notre auteur.

Paul Kalola passe alors à ce qui est le centre de sa recherche, le titre « Fils de Dieu » en appliquant le principe énoncé plus haut que tout titre christologique doit être interprété en référence à la vie de Jésus. Un passage par l'exégèse montre que Jésus est essentiellement « Fils de Dieu ». Ce titre possède une charge théologique importante que le concile de Nicée définira en termes de consubstantialité en réagissant à l'arianisme. Le Fils est fils de toute éternité dans le partage de la même substance que le Père. La christologie européenne contemporaine remet en avant l'articulation relationnelle de la christologie occultée dans le passé par les développements ontologiques rendus nécessaires par les hérésies. Pour sa part la christologie africaine avait renoncé dès ses débuts à un langage ontologique statique en optant résolument pour une approche relationnelle en présentant Jésus en lien avec le Père, l'humanité et le cosmos. La théologie actuelle a aussi fortement mis en valeur la relation entre Jésus-Christ et l'Esprit Saint rendant ainsi compte à la dimension singulière et universelle de l'événement Christ. Sans que l´Esprit ne soit explicitement cité dans les christologies africaines, il apparaît dans plusieurs thèmes. Il reste toutefois à systématiser cette relation. En définitive c'est la relation entre l'événement Christ et la Trinité qui doit être développée, car, comme le fait remarquer l'auteur la Trinité est la résultante d'une christologie qui part du destin historique de Jésus aussi bien que d'une christologie descendante comme sa condition de possibilité. Plusieurs auteurs africains se sont rendu compte du danger d'occulter la préexistence dans l'utilisation de catégories comme l'ancestralité. C'est la raison pour laquelle ils ont cru bon d'ajouter des qualificatifs comme proto-ancêtre ou ancêtre par excellence. Un danger qui guette la christologie africaine est de développer presque en parallèle un discours sur Dieu tiré des traditions religieuses africaines et un discours sur le Christ tiré du Nouveau Testament occultant le fait que c'est à travers le Christ que nous connaissons Dieu. Le défi serait donc d'articuler de manière satisfaisante théologie trinitaire et christologie. Ce projet trouve un embryon de réalisation dans l'utilisation de catégories comme l'ancestralité, l'être-avec, la rencontre... pour désigner les relations intra-trinitaires. Il se poursuit par les efforts de certains théologiens africains de s'appuyer sur la réflexion trinitaire de théologiens occidentaux pour développer une théologie trinitaire en contexte africain. Le Synode de 1994 avait par ailleurs appuyé ses réflexions sur l'Eglise-famille sur une christologie trinitaire qui n'a malheureusement pas connu de grands développements ultérieurs.

Après ces développements, notre auteur revient sur la dimension sotériologique de la christologie qu'il fait d'abord apparaître dans le Nouveau Testament. Si le Fils de Dieu est venu dans le monde c'est pour que les hommes aient la vie en abondance, la vie éternelle. Or cette vie en plénitude, n'est-ce pas ce à quoi chaque Africain aspire au plus profond de lui-même ? Plusieurs paradigmes ont été utilisés par les théologiens africains pour désigner cet aspect du salut : la guérison (le Christ guérisseur), la libération intégrale qui ne prend pas seulement en compte l'aspect socio-économique, la reconstruction par le Christ de la vraie humanité. Paul Kalola suggère quant à lui d'adopter le paradigme de la solidarité, lequel propose de se substituer à celui classique de la satisfaction et à celui, plus contemporain de la substitution, lequel est parfois combiné avec la solidarité. La solidarité se fonde sur l'Incarnation, mais s'exprime aussi dans la mort de Jésus sur la croix. La substitution ne saurait englober toute l'œuvre du Christ, elle n'en est qu'un moment. En fin de compte elle ne peut d'ailleurs se comprendre qu'en lien avec la solidarité, une solidarité qui est celle de Dieu, sans quoi elle ne saurait nous libérer de notre situation. La solidarité apparaît comme le paradigme sotériologique intégral qui englobe aussi bien les victimes que les bourreaux.

L'auteur passe ensuite à développer les dimensions ecclésiologiques et cosmologiques de la christologie africaine. La profession de Jésus comme Fils de Dieu a son penchant ecclésiologique, la filiation adoptive commune dans le Fils unique constitue la communauté des frères et sœurs. Cette dimension est mise en valeur par la christologie africaine quand elle fait apparaître le statut d'aîné du Christ par rapport aux humains. Elle sous-tend la conception de l'Eglise famille de Dieu que l'Eglise d'Afrique a fait sienne. Si la dimension ecclésiologique a fait l'objet de développements assez nombreux, la dimension cosmologique n'est apparue que plus récemment sans doute stimulée par l'encyclique *Laudato si* du pape François. La jonction entre cosmologie et christologie se fait par le biais de la création. C'est par son Fils que Dieu crée le monde et qu'Il le sauve. La christologie africaine doit dépasser le paradigme anthropologique pour le paradigme plus englobant du cosmos. Elle peut s'appuyer en cela sur les religions traditionnelles africaines qui ne considèrent pas l'homme en dehors de son lien avec le cosmos. Encore faut-il que la réflexion cosmologique intègre la médiation du Christ qui porte l'univers à son accomplissement. Cette dernière nous introduit à la dimension eschatologique laquelle confère un caractère universel à l'action du Christ, lui permet de se rendre présent à chaque moment de l'histoire pour conduire l'ensemble de la réalité à son accomplissement. Cette dimension eschatologique caractérise l'événement Christ dans toutes ses étapes. L'auteur le montre de manière convaincante en s'appuyant sur des auteurs comme Wells et Schnackenburg. Jésus Fils de Dieu est l'accomplissement eschatologique du monde. La conception selon laquelle le Fils de Dieu est le juge des derniers temps permet de redonner espoir à tous les Africains privés de leur dignité d'homme de retrouver leur dignité et aux bourreaux de prendre distance de leurs forfaits. L'auteur s'appuie ici sur les réflexions de son directeur de thèse, le professeur Jan-Heiner Tück qui met en évidence la complexité de la vie des humains qui fait que ceux-ci peuvent se retrouver parfois dans le camp des victimes, parfois dans celui des bourreaux. La réconciliation apportée par Jésus Fils de Dieu englobe les uns et les autres. L'idée d'un jugement dernier semble parfois facilement occultée au profit d'un Dieu bon et miséricordieux. Mais Dieu peut-il rester indifférent au mal, à l'injustice ? Si Dieu offre toujours son pardon, on ne peut écarter que quelqu'un se ferme à son don.

Dans sa conclusion, l'auteur déplore que, dans la construction d'une christologie africaine, le haut-titre christologique de Fils de Dieu n'ait pas été préféré à ceux d'ancêtre, de maître d'initiation, de chef. Pour lui ce titre est le plus à même de construire une christologie systématique qui par définition même est appelée à mettre en relation toutes les dimensions du Mystère du Christ.

L'ouvrage est très bien documenté comme en témoignent les abondantes notes infrapaginales en différentes langues. C'est le mérite de l'auteur d'avoir pu rassembler dans un volume aussi court autant de positions différentes et surtout d'avoir indiqué une piste solide de réflexion pour l'élaboration de christologies ultérieures. Je souhaite qu'il puisse servir d'inspiration à de nombreux chercheurs dans ce domaine.

Père Jean-Luc Vande Kerkhove

Secrétaire académique

Institut Supérieur de Philosophie Saint Jean Bosco

Kansebula

Introduction

La christologie africaine, faut-il le reconnaître, n´est née à proprement parler que douze ans après « l´acte de naissance de la théologie africaine contemporaine »[1], avec la publication en 1968 de l´article de John Samuel Mbiti intitulé *Afrikanische Beiträge zur Christologie* [2] (Contributions africaines à la christologie). Les contributions christologiques africaines dont il s´agissait furent celles qu´il suggéra lui-même dans ledit article. Car, selon son constat, il n´existait jusqu'alors aucune notion africaine sur la christologie. Il fit remarquer la gravité du problème et l´urgence de la tâche : « l´avenir de la théologie africaine dépendait de l´importance et de la centralité accordée à la christologie » [3]. D`après lui, l´architecture christologique, comme toute autre élaboration théologique, se base sur quatre piliers regroupés deux à deux : d´une part, la Bible et la théologie des Églises anciennes façonnent le texte ; et d´autre part, la tradition africaine et l´expérience vivante de l´Eglise en Afrique configurent le contexte.

Son approche christologique, adoptée par Kofi Appiah Kubi[4] et présentée au monde francophone par P. Stadler[5], subit l´influence des études célèbres d´Oscar Cullmann[6], Vernon H. Neufeld[7], Ferdinand Hahn[8] et

---

[1] E. Kaobo Sumaidi, *Christologie africaine (1956-2000). Histoire et enjeux*, Paris, 2008, 21.
[2] Cf. J. S. Mbiti, « Afrikanische Beiträge zur Christologie », in : V. G. Vicedom, (hrsg.), *Theologische Stimmen aus Asien, Afrika und Lateinamerika* III, München, 1968, 72-85. L´article en anglais n´est apparu que quatre ans plus tard: Id., « Some African Concepts of Christology », in : V. G. Vicedom, (éd.), *Christ and Younger Churches*, London, 1972, 51-62.
[3] P. Kalola Bupe, *Unité et pluralité de la christologie. Vers un paradigme mythique en théologie africaine*, Saint-Denis, 2015, 13.
[4] Kofi Appiah-Kubi, « Jesus Christ. Some christological Aspects from African Perspectives », in : J. S. Mbiti, (éd.), *African and Asian Contributions to contemporary Theology*, Bossey, 1977, 51-65.
[5] P. Stadler, « Approches christologiques en Afrique », in : *Bulletin de Théologie Africaine* 9 (1983), 35-49.
[6] Cf. O. Cullmann, *Christologie des Neuen Testaments*, Tübingen, 1963[3](trad. fr. *Christologie du Nouveau Testament*, Paris, 1958).

Werner Kramer[9] sur les titres christologiques dans le Nouveau Testament. C´est ainsi qu´il opte pour la médiation des titres christologiques bibliques pour une réappropriation africaine de la christologie. À la question christologique fondamentale « qui est Jésus ? Que signifie Messie ou Christos dans le contexte africain ?»[10], il recommande en tout premier lieu de se fier à la réponse biblique : Jésus est le Fils de l´homme, le Fils de David, le Serviteur de Dieu, le Prophète (eschatologique), le Christ (messie), le Verbe (*Logos*), le Seigneur (*Kyrios)*, le Sauveur et le Fils de Dieu. En second lieu, il examine ces titres pour savoir s'ils « ont une signification pour les croyants africains » [11]. Seuls quelques uns présentent de « parallèles dans les formes de pensée, histoires et traditions africaines »[12] et sont donc significatifs pour la christologie africaine. D´autres par contre, n´ayant pas de rapports spécifiques avec des notions des traditions culturelles africaines, ne peuvent jouer aucun rôle dans la réappropriation christologique africaine.

Parmi les titres christologiques que John Samuel Mbiti retient comme étant significatifs pour la christologie africaine se trouve celui de « Fils de Dieu », qui aurait pu jouer un rôle majeur dans l´élaboration ultérieure des christologies africaines, si l´auteur lui avait accordé toute la densité théologique requise. La sélection de ce titre, et d´autres, a été plus exigée, pensait-il, par le contexte africain, auquel il attribua le rôle décisif. Et pourtant, la profession de foi de Jésus comme Fils de Dieu n´est certainement pas une réduction ni une simplification de la foi christologique. Elle est plutôt le résumé essentiel de la foi chrétienne.

---

[7] Cf. V. H. Neufeld, *The Earliest Christian Confessions,* Michigan, 1963.
[8] Cf. F. Hahn, *Christologische Hoheitstitel. Ihre Geschichte im fruhen Christentum,* Göttingen, 1963².
[9] Cf. W. Kramer, *Christos-Kyrios-Gottessohn*, Zurich, 1963.
[10] G. M. Setiloane, «Où en est la théologie africaine ? », in : *Libération ou adaptation ? La théologie africaine s interroge*, Paris, 1979, 81.
[11] P. Stadler, « Approches christologiques », 43.
[12] J. S. Mbiti, cité par *Ibid.*

Maints exégètes et théologiens ont souvent démontré la valeur de cette profession en argumentant de manière diachronique. La filiation divine de Jésus Christ apparaît comme l´aboutissement de l´évolution de l´homologèse dans le Nouveau Testament et occupe la pièce-maîtresse dans l´histoire du dogme christologique. Les esquisses christologiques africaines reviennent d´une façon implicite ou explicite sur son importance cruciale dans le double processus de contextualisation africaine de la christologie et de la christologisation des traditions africaines. La reconnaissance de Jésus comme Fils de Dieu ne peut uniquement être jetée dans le fichier culturel. Cette confession christologique a certes un caractère normatif et interculturel.

Point n´est besoin de rappeler que Ruben Zimmermann a démontré dans son analyse serrée de la christologie des images dans l´Évangile de Jean que la centralité de la métaphorique du Fils apparaît aussi dans une perspective synchronique[13]. Il cite quatre dimensions : la dimension anthropologique, la dimension historique, la dimension théologique et la dimension ecclésiologico-eschatologique. Dans notre étude, nous nous évertuons à prouver que la confession de foi « Jésus le Fils de Dieu » structure et restructure toute la Christologie systématique, et particulièrement la christologie systématique africaine. Ce résumé essentiel de la foi christologique est « la toile structurante »[14] du discours christologique en Afrique. Nous voulons élargir l´analyse synchronique de Ruben Zimmermann à toute la christologie en mettant aussi en évidence d´autres dimensions. Outre les dimensions anthropologique, historique,

---

[13] Cf. R. Zimmermann, *Christologie der Bilder im Johannesevangelium. Die Christopoetik des vierten Evangeliums unter besonderer Berücksichtung von Joh 10,* Tübingen, 2004, 405-446; Id., « *Du wirst noch Größeres sehen...(Joh 1, 50). Zur Ästhetik der Christologie im Johannesevangelium-Eine Skisse »,* in: J. Frey, , J. Rohls, & R. Zimmermann, *Christologie und Metaphorik,* Berlin-New York, 2003, 93-110.

[14] Nous prenons l´image de la toile de l´araignée orbitèle, un véritable chef d´œuvre d´architecture composée essentiellement des rayons et des spirales. Nous comparons la toile d´araignée à la confession de foi de Jésus le Fils de Dieu, ses rayons aux dimensions de cette confession et les spirales aux différentes élaborations christologiques africaines.

théologique, ecclésiologique et eschatologique, nous mettrons l´accent sur les dimensions sotériologique et cosmique. Nous nous permettons de suivre l´ordre ci- après : la dimension anthropologique, la dimension historique, la dimension théologique, la dimension sotériologique, la dimension ecclésiologique, la dimension cosmique et eschatologique de la christologie africaine.

Les deux premières dimensions, notamment anthropologique et historique, mettent l´accent sur la vérité de l´incarnation du Fils de Dieu. Comme Jésus était vraiment homme, les auteurs du Nouveau Testament et les théologiens ultérieurs partent des images de leurs expériences concrètes de vie et de l´histoire concrète du Christ pour approcher son mystère. C´est une manière plus ou moins concrète de confirmer son humanité authentique. Ensuite, le mystère du Christ nous renvoie effectivement à la dimension théologique, qui place Jésus dans une relation singulière et unique avec Dieu et reconnaît par là sa divinité. En outre, vient la dimension sotériologique qui présuppose les trois premières dimensions : la venue du Fils de Dieu dans l´histoire du monde vise le salut intégral de l´homme, le salut de tout l´homme et de tous les hommes. Il y a par ailleurs la dimension ecclésiologique : chaque fois qu´on parle du Fils de Dieu, on ne doit pas oublier sa relation permanente avec la communauté de ses frères et sœurs dans la foi. De plus, la christologie exige la dimension cosmique qui souligne une relation étroite entre le mystère du Fils de Dieu et toute la création. L´existence et l´accomplissement de la création passe par la médiation du Fils. La dernière dimension eschatologique ravive l´importance de l´espérance chrétienne de la venue glorieuse du Fils de Dieu pour l´«accomplissement» du salut « définitif »[15] réalisé déjà par lui dans le monde.

---

[15] Cf. Th. Pröpper, „ „Daß nichts uns scheiden kann von Gottes Liebe..." Ein Beitrag zum Verständnis der „Endgülgkeit" der Erlösung", in: Id., *Evangelium und Freie Vernunft. Konturen einer theologischen Hermeneutik*, Freiburg-Basel-Wien, 2001, 40-56, 47-49.

1. La dimension anthropologique de la christologie africaine

1.1. Les fondements néotestamentaires de la dimension anthropologique

Dans le Nouveau Testament, Jésus se présente comme Berger (10, 14), Agneau (Jn 1, 29), pain de vie (Jn 6, 35), Vigne (Jn 15, 1), Porte (Jn 10, 7), Chemin (Jn 14, 6), Lumière (Jn 8, 12), en référence aux réalités qui sont intimement liées aux différents horizons de l´expérience des lecteurs, qui ouvrent ou ferment les portes pour entrer ou sortir, qui mangent le pain, qui empruntent différents chemins, qui ont besoin de la lumière quand il fait sombre. Ainsi, les lecteurs contemporains ont besoin de connaître l'horizon de compréhension historico-socio-culturel des premiers destinataires des écrits du Nouveau Testament, afin de pouvoir comprendre les réalités que ces notions renferment, notamment le berger, le roi, la vigne, etc. « Jésus est l´image-miroir de leur propre univers d´expérience et tout comme les images du Christ peuvent donner aux gens quelque chose à comprendre, de quoi ils se préoccupent, ce qui les concerne directement »[16]. La délimitation par le contexte concret de la valeur sémantique de ces notions en usage est tellement importante qu´elle permet la compréhension de la signification métaphorique christologique. Qu´il suffise de rappeler ici quelques exemples évoqués par Ruben Zimmermann : c´est par l´expérience de leur propre faim que les hommes saisiront le prix de l´invitation de Jésus à manger le pain de vie (Jn 6) ; c´est dans le désir d´amour qu´ils vont à la rencontre de Jésus comme Époux ; C´est également dans leurs expériences politiques d´oppression, de recherche de paix et de sécurité qu´ils découvrent le vrai Christ-Roi[17].

---

[16] R. Zimmermann, *„Du wirst noch Größeres sehen"*, 103;
Id., *Christologie der Bilder im Johannesevangelium*, 426.
[17] Cf. Ibid., 427.

La confession de Jésus comme étant Fils nous réfère à une des structures élémentaires de l´humanité, la structure de parenté à laquelle appartient la famille, qui est une institution humaine universelle. La famille est marquée de différentes connotations particulières dans diverses époques et cultures. Jésus est l´ « image-miroir » des relations familiales des chrétiens, particulièrement la relation entre un père et un fils (paternité et filiation). « Dans le contexte de la réalité de leurs familles propres, ils doivent comprendre le Christ comme Fils »[18]. Mais l´image du Christ comme Fils de Dieu brise et dépasse à la fois les relations quotidiennes des familles humaines[19].

1.2. Les premières tentatives de contextualisation africaine de la christologie : la christologie à base de titres traditionnels

La plupart des théologiens africains de la première génération ont été fascinés par la dimension anthropologique de la christologie. John Samuel Mbiti qui, au départ, opta pour une approche biblique des titres christologiques, finit, dans son orientation christologique, par donner plus de poids décisif au contexte africain. Il recueille le titre de Fils de Dieu parmi les plus significatifs pour la christologie africaine, étant donné qu´il est une notion partagée par certaines religions africaines des tribus ci-après : Shona, Ndebele, Shilluk et Dogon. Elles ont toutes en commun une conception d´un dieu fils d´un autre dieu. Si une telle conception africaine peut constituer un point de départ intéressant, il ne doit pas pour autant être le trait le plus définissant de la christologie africaine. Il est indéniable que son examen christologique qui accorda assez d'importance au contexte africain eut un retentissement capital sur le développement ultérieur de la christologie africaine. Après lui, la tendance christologique dominante a mis

[18] Id., „Du wirst noch Größeres sehen", 107.
[19] Cf. Id., *Christologie der Bilder im Johannesevangelium*, 427.

carrément de côté la médiation des titres bibliques qui n´apparaît que comme l´illustration et le modèle d´une inculturation réussie. Selon eux, les chrétiens africains ont le droit et le devoir d´exprimer avec leurs propres mots leurs expériences de foi avec Jésus (Jn 4, 42).

La contextualisation de la christologie se vérifia par l´attribution au Christ des noms traditionnels africains, plus explicitement par sa compréhension selon les systèmes de pensée africaine : Jésus est *l´Ancêtre, le Maître d´initiation, le Frère Aîné, le Guérisseur, le Héros, le Chef/Roi,* etc. Le but a été de permettre aux chrétiens africains d´assimiler le mystère de Jésus Christ selon leur génie propre. Il s´agit de vivre, penser, célébrer, chanter, pourquoi pas danser en tant qu´africain la révélation de Dieu et la réalisation du salut eschatologique en Jésus le Fils de Dieu. Les différentes propositions christologiques partant de ces notions-clé de la vision africaine du monde ont été construites selon deux perspectives de la christologie d´en bas et de la christologie d´en haut. Etant donné que la dynamique de bas en haut a été la première expérience des disciples avec Jésus de Nazareth et revalorisée par la christologie occidentale contemporaine, certains théologiens africains ont proposé des modèles de compréhension issus de cultures africaines, susceptibles d´expliciter certaines dimensions de la christologie dans cette perspective d´en bas.

1.2.1. La dynamique ascendante de la christologie africaine

Les modèles du maître d´initiation, de l´ancestralité ascendante et du chef/roi sont mis au premier plan dans cette perspective. Si ces trois modèles ont été proposés différemment par plusieurs théologiens, il leur manque néanmoins une élaboration systématique, qui développe la corrélation entre eux. D´abord, le modèle de l´initiation, prôné par

Engelbert Mveng[20], Charles Nyamiti[21], Nazaire Diatta[22], Luyeye Luboloko[23], Marc Ntetem[24] et surtout Anselme Tatiana Sanon[25], met en avant la dynamique de l´accomplissement des hommes en Jésus Christ qui, en tant que leur aîné, les conduit doucement vers la plénitude de la vie. Le concept de maître d´initiation permet aux africains de comprendre que Jésus était de condition humaine, d´autant plus que « de sa naissance jusqu´à sa sépulture, Jésus a vécu à la manière de siens selon la tradition qui lui avait été donnée »[26] Le point culminant est *sa mort et sa résurrection*. Ce modèle ne décrit pas l´état de vie du Christ ressuscité, en qui l´homme atteint sa plénitude. C´est à ce niveau qu´intervient le deuxième modèle christologique de l´ancestralité, le plus répandu[27], qui tente de décrire l´état du Christ-Ressuscité dans le monde invisible et sa relation présente avec ses disciples ou avec les autres hommes. Il est de ce fait le médiateur par

[20]Cf. E. Mveng, « Christus der Initiationsmeister », in : Sundermeier, T.(Hrsg.), *Zwischen Kultur und Politik. Texte zur afrikanischen und schwarzen Theologie*, Hamburg, 1978, 78-82.

[21] Cf. C. Nyamiti, « Christ´s resurrection in the Light of African tribal Initiation Ritual », in: *Revue Africaine de Théologie* 3 (1979), 33-53.

[22]Cf. N. Diatta, « Et si Jésus-Christ, premier-né d´entre les morts était initié ? La personnalité de l´unité Joola face au Christ », in : *Telema 15* (1989), 49-72 ; Id., « Jésus-Christ initié et initiateur », in : *Théologie africaine. Bilan et perspectives. Actes de la Dix-Septième Semaine théologique de Kinshasa 2-8 Avril 1989*, Kinshasa, 1989, 137-154.

[23] Cf. Luyeye Luboloko, « Le Christ initiateur: proposition méthodologique », in: *Théologie africaine. Bilan et perspectives,* 155-160.

[24] Cf. M. Ntetem, *Die negro-afrikanische Stammesinitiation. Religionsgeschichtliche Darstellung. Theologische Wertung. Möglichkeit der Christianisierung,* Münsterschwarzach, 1983.

[25] Cf. A. T. Sanon, *Enraciner l´Évangile. Initiations africaines et pédagogie de la foi*, Paris 1982; Id., *Das Evangelium vurwurzeln. Glaubenserschließung im Raum afrikanischer Stammesinitiation,* Freiburg, 1985.

[26] Id., « Jésus, Maître d´initiation», in : F. Kabasele, J. Doré, et R. Luneau, *Chemins de la christologie africaine,* Nouvelle édition, revue et complétée, Paris, 2001, 145-165, 156.

[27] Cf. J. MM Healey, et D. MM Sybertz, , *Towards an African Narrative Theology*, Nairobi, 1996, 83 : « Various African theologians such as Benezet Bujo, François Kabasele, Emmanuel Milingo, Charles Nyamiti, John Pobee and Anselme Sanon have written about Ancestral Christology, Ancestral Kinship and Christ´s Brother –Ancestorship. Jesus is the "Ancestor of Christians", "Ancestor par excellence" "Ancestor Who is the Source of Live" "First Ancestor", "Founder of the Great Family", "Great Ancestor" "Great Ancestral Spirit", "Great and Greatest Ancestor", "Highest Model of Ancestor" "Holy Ancestral Spirit", "Proto-Ancestor", "Supreme Universal Ancestral Spirit" and "Unique Ancestor" ».

excellence entre Dieu son Père et les hommes. Le terme « ancêtre » est une métaphore pour décrire cette condition céleste du Fils ressuscité. Le dernier modèle de la nomination africaine de Jésus le Fils de Dieu comme chef/roi souligne deux idées-maîtresses : d´une part, le Fils de Dieu est Roi ou Chef, parce qu´il est médiateur entre le monde invisible et le monde visible ; d´autre part, son pouvoir royal concerne non seulement les chrétiens particuliers, mais aussi et surtout la collectivité comme Église, comme humanité et comme univers tout entier.

1.2.2. La dynamique descendante de la christologie africaine

Souvent, on a tellement insisté sur la dynamique ascendante de la christologie africaine que l´on a presque négligé la christologie de préexistence dont la dynamique est descendante. Répertorions quatre modèles christologiques dans cette perspective d´en haut, qui sont respectivement le fruit de chaque théologien sans jamais faire école. Le premier modèle est celui de ***la christologie de l´ancestralité descendante de Charles Nyamiti***. Sa pensée christologique part de l´idée de Dieu comme Grand Ancêtre, idée présente dans quelques tribus africaines[28]. Il est l´Ancêtre par excellence. Il développe deux sortes d´idées d´ancestralité. D´un côté, il y a l´*ancestralité paternelle* (père-ancêtre) qu´il applique à la trinité. S´il faut reconnaître une relation ancestrale dans la divinité, en qui « la notion d´ancêtre est réalisée en perfection »[29], elle s´établit entre le Père et le Fils : le Père est l´ancêtre du Fils[30]. De l´autre côté, c´est

---

[28] Cf. B. Bujo, « Das Christentum und die Religion Afrikas : Situation und Perspektiven des Dialogs », in : *Zeitschrift für Missionswissenschaft und Religionswissenschaft* 91 (2007), 81-92.

[29] C. Nyamiti, *Studies in African Christian Theology*. Vol. 2, *Jesus Christ, the Ancestor of Humankind : An Essay on African Christology*, Nairobi, 2006, 4.

[30] Cf. *Ibid.* ; Id., « The Trinity from an African Ancestral Perspective », in : *African Christian Studies* 12 (1996), 47 : "The Father being the Parent, would be the Ancestor, and the Son would be His Descendant. We have to add here that God the Father is also

l'*ancestralité fraternelle* (frère-ancêtre) qui s'applique à la christologie. Charles Nyamiti juge analogiquement convenable de nommer Jésus Frère-Ancêtre. A en croire Innocent Oyibo, « Dieu comme Ancêtre est pour Nyamiti encore plus significatif que la notion de Dieu comme Père. Car comme Ancêtre, Dieu est non seulement l'Engendreur du Fils, mais aussi son Prototype »[31]. De ce fait, dans la pensée théologique de Charles Nyamiti, le concept d'ancêtre prime sur les concepts de père, Fils et frère.

Le second modèle est ***la christologie de préexistence d'Efoi Julien Penoukou*** qui n'est qu'un effort « d'une réappropriation toujours plus profonde de notre foi en Christ, pour un nouveau regard sur l'attente spirituelle et humaine de l'africain »[32]. Il conçoit la dynamique de la christologie à la lumière du processus de « vie/mort/vie comme instance d'accomplissement de salut de l'homme »[33]. En tant que *Medium organique* (médiateur), le Christ « a toujours été le premier être-là avec l'Etre suprême et le premier être-là avec les autres »[34]. Le mystère de la Trinité est compris dans le sens d'un *Dieu être-là-avec*. Si Efoi Julien Penoukou conçoit les deux relations comme des *communions d'être* avec Dieu-Père d'une part et avec les hommes d'autre part, il ne reste pas moins vrai qu'il distingue la première, dite *relation de filiation* (Jn 17, 11 ; 21 ; Mt 17, 5 ; Jn 5, 21 ; 10, 36), de la seconde, dénommée *relation fraternelle* (Jn 17, 21-23 ; Cf. Jn 6, 56 ; 15, 4 ; Mc 3, 32-35 ; Jn15, 15). Bien qu'il croie possible « de faire du Christ à la fois l'esprit procréateur (BomEnon), l'ancêtre Joto, et le

---

(again analogically speaking) the Mother of the Logos in the immanent Trinity. This means that if the first divine Person is ancestrally related to the Son, He is both His Ancestor and Ancestress"; Id., "The African sense of God's motherhood in the light of Christian faith", in: *Afer* 23 (1981), 269-274.

[31] I. Oyibo, *Aspekte afrikanischer Eschatologie aufgezeigt am Beispiel des Ahnenkults bei den Igala von Nigeria. Ein Kernelement afrikanischer Religiosität als Anfrage an den christlichen Glauben*, München, 2003, 150.

[32] E.-J. Penoukou, « Christologie au village », in : F. Kabasele, J. Doré, et R. Luneau, *Chemins de la christologie africaine*, 96.

[33] *Ibid.*, 109.

[34] *Ibid.*, 101.

détenteur de tous les destins »[35], il ne leur donne pas toute la même importance théologique que celle qu´il attribue aux concepts-clé de *Fils* (de Dieu) et de *frère* (des hommes).

Le troisième est ***la christologie de l´incarnation suggérée par Masumbuko Manunguri*** dont le point de départ est le Dieu des ancêtres qui est « en même temps transcendant (loin) et immanent (proche) »[36]. La transcendance se comprend selon quatre axes. D´abord, selon l´axe chronologique, on souligne la transcendance de Dieu au-delà de tout temps pour spécifier l´éternité de Dieu. Ensuite, l´axe topologique présente la transcendance du Dieu de nos ancêtres en termes d´espace, de distance et d´éloignement pour exprimer l´inaccessibilité de Dieu. De plus, l´axe cultuel montre qu´étant donné que Dieu est si distant de nous, nos prières et cultes ne peuvent l´atteindre que « grâce à l´échelle d´intermédiaires »[37]. Enfin, l´axe hiérarchique mentionne que Dieu, occupant le sommet de la hiérarchie des êtres, « exerce une supériorité sur toutes choses : elles lui sont inférieures et subordonnées »[38]. L´immanence, l´autre dimension de Dieu, n´est pas moins ancrée dans les religions africaines, parce que l´Être suprême est également conçu par les africains « comme un Dieu attentif aux humains, proche de l´homme (noms théophores, formules rituelles, expressions proverbiales...) »[39]. La conception de l´immanence du Dieu des ancêtres atteint son plérôme dans le mystère de l´incarnation du *Logos,* mystère qui est une double révélation du Père et du Fils. Dans l´envoi de son Fils unique, Dieu manifeste un autre aspect de son mystère divin ineffable, inconnu jusque-là du monde africain. Si Dieu est en lui-même le mystère de l´échange, de la communion dans la différence, on peut entrer

---

[35] *Ibid.,* 97.

[36] Masumbuko Manunguri FMS, *The closeness of the God of our Ancestors*, Nairobi, 1998, 15.

[37] *Ibid.,* 21.

[38] *Ibid., 24.*

[39] A. Boulanger, « Afrique noire (Religions d´-) », 15, cité par Kalola Bupe, P., *Unité et pluralité de la christologie*, 275.

en communication avec lui sans avoir peur d'être absorbé par lui. Ensuite, le Fils de Dieu est le révélateur du Père. Le *Logos* incarné est la révélation parfaite de l'identité du Dieu de nos ancêtres.

Le quatrième et dernier modèle est ***la christologie à partir de la grammaire du salut de Luka Lusala Lu Ne Nkuka*** placée dans le cadre du dialogue interreligieux entre le christianisme et la religion africaine. Selon lui, les textes fondamentaux de la religion africaine sont les mythologies africaines des héros suivants : Osiris des peuples Kamites (Egyptiens anciens), Gueno des peuples Peuls, Obatala des peuples Yoruba, Kiranga des peuples Barundi et Nzala Mpanda des peuples Bakongo. Dans la religion chrétienne, il se base sur l'hymne christologique de la lettre de Paul aux Philippiens 2, 6-11. Tous ces textes de base de deux religions développent les mêmes thèmes: a. identité divine, b. vie terrestre, c. conflits, d. mort, e. résurrection, f. salut de l'humanité. Somme toute, l'auteur démontre que « la religion des Africains possède *la grammaire du salut* qui fait la spécificité du christianisme selon laquelle l'homme n'obtient pas la plénitude de la vie par ses propres forces, mais par l'intervention d'un émissaire qui vient de Dieu, qui meurt et ressuscite »[40]. C'est pourquoi Luka Lusala Lu Ne Nkuka reproche à différents essais christologiques africains l'oubli de l'offre du salut aux hommes dans la religion africaine par un envoyé de Dieu. En effet, la religion africaine est décrite généralement dans les écrits aussi bien anthropologiques que théologiques comme étant une religion naturelle où l'homme, par une série d'observances rituelles et morales, cherche à vivre en harmonie avec les autres hommes et avec Dieu, et ainsi à atteindre le statut d'ancêtre dans l'au-delà. Elle serait donc opposée au christianisme, religion révélée. Ainsi, selon Luka Lusala Lu Ne

---

[40] Luka Lusala Lu Ne Nkuka, SJ., *Jésus –Christ et la religion africaine. Réflexion christologique à partir de l'analyse des mythes d'Osiris, de Gueno, d'Obatala, de Kiranga et de Nzala Mpanda*, Rome, 2010, 6.

Nkuka, « la religion africaine et le christianisme ont le même paradigme du salut »[41].

Néanmoins, nous avons prouvé qu´au-delà de ce paradigme de la grammaire de salut, se trouve le macro-paradigme mythique[42]. En plaçant la comparaison au niveau des structures fondamentales de la religion chrétienne, notamment de la foi christologique, et des religions africaines, il s´avère que les deux relèvent d´une même structure, d´une même logique, voire d´une même pensée, toutes mythiques. Il n´est nullement question d´une proposition d´un paradigme qui ne concernerait que le projet d´une christologie *adéquate* pour le contexte africain actuel. Il s´agit plutôt de découvrir le macro-paradigme fondamental qui sous-tend toutes les élaborations christologiques depuis les plus anciennes, néotestamentaires, aux plus récentes, y compris les christologies africaines.

1.3. La réorientation récente de la contextualisation de la christologie africaine : la priorité de la dimension sotériologique en christologie

Au regard de l´évolution des recherches christologiques, la génération récente de théologiens africains, ne perdant pas de vue que l´inculturation « est le grand chantier où s´élabore la théologie africaine »[43] et tout en renonçant à « un certain type de théologie de l´inculturation axée uniquement sur les valeurs traditionnelles et qui fait de la critique

---

[41] Id., *Recension.* Luka Lusala Lu Ne Nkuka, SJ., *Jésus –Christ et la religion africaine. Réflexion christologique à partir de l´analyse des mythes d´Osiris, de Gueno, d´Obatala, de Kiranga et de Nzala Mpanda*, Rome, 2010, 185 pages, in : *La Revue électronique Congo Nova*, 14 (12/2011), 1-4.

[42] Cf. P. Kalola Bupe, *Unité et pluralité de la christologie*, 25-99; Id., *La valeur du mythe*, Saint-Denis, 2017 ; Id., « De la place du mythe dans la philosophie de Hubert Mono Ndjana à la conception intégrale du mythe », in : L. Mpala Mbabula, *La philosophie négro-africaine en marche. Dialogue avec le philosophe camerounais Hubert Mono Ndjana*, Saint-Denis, 2019, 29-108.

[43] A. Kabasele Mukenge, *La Parole se fait chair et sang. Lectures de la Bible dans le contexte africain*, Kinshasa, 2003, 21.

missionnaire son cheval de bataille »[44], manque d´enthousiasme pour ce qui a été l´un des piliers de l´inculturation africaine de la christologie : la christologie à base des titres traditionnels africains[45]. Elle reproche à une telle christologie de manquer de fondement scripturaire et d´être « le fruit des préoccupations personnelles des théologiens, sans lien avec la vie concrète des communautés chrétiennes »[46]. Par conséquent, elle n´a pas su être pertinemment « valable face à la pléthore des problèmes contemporains qui assaillent l´africain moderne »[47]. Autrement dit, elle n´a pas pu référer « à toutes les stratégies d´innovation, de création et d´énonciation de nouveaux modèles qui taraudent les sociétés actuelles »[48].

L´enjeu de la christologie africaine, comme de toute théologie bien inculturée, doit être « un projet d´avenir greffé sur un présent d´invention et d´audace (...) il s´agit d´une "nouvelle intelligence de foi"»[49]. L´accent porte moins sur la nomination africaine du Christ que sur le salut qu´il apporte à l´homme africain, meurtri par tant des siècles d´esclavage, de colonisation, d´indépendance biaisée, de néo-colonialisme, de systèmes dictatoriaux, des démocraties faussées à l´avance, de capitalisme libéral, etc. Ainsi, la question cruciale de l´homme africain est la suivante : « l´évangile du salut en Christ le concerne-t-il réellement ? En quoi et comment Jésus-Christ, qui se proclame Rédempteur de tout homme, en tout temps, peut-il l´aider à sortir par lui-même de l´échec et du désespoir, afin d´assurer son

---

[44] *Ibid.*

[45] Cf. G. Njila Jibikilayi, *Jésus-Christ le témoin critique et propositions pour le renouveau de la christologie africaine des titres*, Kinshasa 2018.

[46] E. J. Penoukou, « Le salut dans l´Afrique d´aujourd´hui. Perspectives christologiques », in : Semaines Théologiques de Kinshasa, *Repenser le salut chrétien dans le contexte africain. Actes de la XXIIIe Semaine Théologique de Kinshasa du 10 au 15 mars 2003*, Facultés catholiques de Kinshasa, 2004, 151-160, 152.

[47] D. Tutu, « Théologie africaine et théologie chrétienne », in : Id., *Prisonnier de l´espérance*, présentation et choix des textes par B. Chenu, Paris, 1984, 121.

[48] A. Mbembe, « Christianisme et invention des sociétés-africaines », in *Foi et Développement* 40 (1986), 2.

[49] *L´Osservatore Romano* 16 (1994), 14.

histoire propre ?»[50] Il s´agit d´une question « existentielle, souligne André Kabasele Mukenge, de ce que ce Christ apporte au croyant, dans sa vie, dans sa destinée personnelle et collective »[51]. C´est la raison pour laquelle il croit « que la question christologique, dans le sens indiqué plus haut, occupera encore longtemps le champ de la théologie africaine des années à venir, particulièrement dans sa dimension sotériologique »[52].

Pourtant, la priorité de la dimension sotériologique en christologie africaine ne peut en aucune façon devoir signifier, à l´instar de Fabien Eboussi Boulaga, Jean- Marc Ela et Meinrad Hebga, une réclamation d´un christianisme en amont des dogmes et des doctrines christologiques[53]. Car les énoncés de la foi christologique fondent et garantissent les motifs sotériologiques. Il est facile de démontrer qu´à l´arrière-plan de chaque affirmation de la doctrine christologique se trouve une dimension sotériologique. Aussi, à en croire Léonard Santedi, il est pratiquement impossible de remonter avec satisfaction en amont des dogmes et des doctrines jusqu´à atteindre l´originel sémitique, de se l´approprier et de le rendre actuel après plus de deux mille ans de l´histoire de l´Eglise[54]. C´est ainsi qu´il souligne la nécessité de la révision des principes herméneutiques de l´inculturation africaine des dogmes et pense « que la tâche de plus en plus urgente d´une réappropriation des énoncés de foi dans l´aujourd´hui de notre culture » [55] doit être envisagée en termes du caractère eschatologique de la révélation et de son exigence herméneutique. De ce fait, la tâche qu´il assigne aux théologiens africains est une interprétation

---

[50] E. J. Penoukou, « Introduction », in : *Les évêques d´Afrique parlent (1969-1991). Documents pour le Synode africain*, textes rassemblés par M. Cheza, H. Derroite, et R. Luneau, Paris, 1992, 29.
[51] A. Kabasele Mukenge, *La Parole se fait chair et sang*, 25.
[52] *Ibid.*, 26-27.
[53] Cf. F. Eboussi Boulaga, *Christianisme sans fétiches. Révélation et domination*, Paris, 1982, 155-156 ; J.-M., Ela, *Ma foi africain*, Paris, 1985, 202 ; M. Hebga, *Emancipation d´Églises sous tutelle*, Paris, 1976.
[54]Cf. L. Santedi Kinkupu, *Dogme et inculturation en Afrique. Perspective d´une théologie de l´invention*, Paris, 2003, 151.
[55] *Ibid.*, 152.

créatrice, vivante et bien inculturée des données de la foi, afin d´inventer de nouvelles réponses aux nouveaux défis qui émaillent le christianisme africain.

2. La dimension historique de la christologie africaine

2.1. Les bases néotestamentaires de la dimension historique

Jésus Christ ne peut pas être vu et pensé uniquement comme une image-miroir de notre praxis de vie, mais aussi et surtout comme une image-mémoire de l´histoire d´une personne concrète : *Jésus de Nazareth*. À la question de savoir qui est Jésus, Rudolf Pesch répond : « son histoire le dit »[56] ; et Jean-Nöel Aletti répond : « Jésus, une vie à raconter »[57]. Jésus est déjà, d´après René Kieffer, « Jésus Raconté »[58]. C´est l´histoire de Jésus, telle qu´elle est racontée dans les quatre évangiles et commentée par les autres écrits du Nouveau Testament. Il serait né entre 6 et 4 avant notre ère à Bethléem, a grandi à Nazareth, a annoncé la proximité de la venue du Royaume des cieux (dans les discours, les paraboles, les miracles, les exorcismes), a été accompagné par ses disciples, a connu la passion et la mort et est ressuscité. L´interprétation de toute sa vie s´insère dans le mystère de l´histoire du salut de Dieu avec le peuple d´Israël. Plusieurs images-miroirs du Christ sont aussi des images-mémoires de toute l´histoire du salut. Les images du royaume, du roi, du berger, du pain, du Fils, etc. ont une longue tradition d´interprétations bibliques. Toute image du Christ, qui ne tiendrait pas compte de son histoire, est une image caricaturée de lui. L´histoire de Jésus de Nazareth est le critère d´interprétation et de vérification de toute christologie systématique.

Franz Mußner a montré que l´homologèse christologique (les haut-titres christologiques) ne peut se comprendre que dans un cercle herméneutique avec la *Vita* évangélique de Jésus. Elles « sont l´une à l´autre,

---

[56] R. Pesch, *Markusevangelium 2*, 43, cité par H. Kessler, *Handbuch der Dogmatik,* Bd 1, Erarbeitet von B.-J. Hilberath, et alli, Düsseldorf, 2002, 294-324, 301.

[57] J.-N. Aletti, *Jésus, une vie à raconter. Essai sur le genre littéraire des évangiles de Matthieu, de Marc et de Luc*, Lessuis, 2016.

[58]R. Kieffer, *Jésus Raconté. Théologie et spiritaulité dans les évangiles,* Paris, 1996.

on pourrait dire, dans une relation réciproque »[59]. Jésus de Nazareth est le Christ (*Christos*), le Seigneur (*Kyrios*), le Fils de Dieu (*Huios tou Theou*), parce qu´il prêche avec autorité un enseignement nouveau; il guérit les malades ; il chasse les esprits mauvais ; le vent et la mer lui obéissent ; il est ressuscité d´entre les morts, etc. Le genre littéraire « Évangile » a pour but de vérifier les haut-titres christologiques. Il n´est pas question exclusivement d´une simple vérification de l´homologèse christologique, mais aussi de l´interprétation adéquate : en quel sens Jésus est-il le Christ, le Seigneur, le Fils de Dieu ? Cette interprétation est importante pour la simple raison que l´homologèse et Jésus lui-même, ayant été susceptibles de diverses acceptions, nécessitaient explicitement une interprétation normative et définitive qui n´était possible qu´en se référant à la vie de Jésus. Cette interprétation garantissait de deux risques : d´une part, il y avait le risque d´une interprétation hétérodoxe de l´homologèse christologique. Dans le processus de canonisation de quatre évangiles, l´Église voulait garantir le sens christologique de la Tradition apostolique de fausses interprétations venant du gnosticisme et d'autres mouvements hétérodoxes; d´autre part, l´homologèse courait le risque de l´isolement de la vie concrète de Jésus[60]. « En tout cas, quand l´homologèse est isolée de la Vita de Jésus, elle porte le danger de mythologisation en soi (idéologisation) ; ce qui signifie également : le risque de deshistorisation »[61]. Le but de l´analyse de Franz Mußner est de souligner

---

[59] F. Mußner, « Christologsche Homologese und evangelische Vita Jesu », in : H. Schlier, F. Mußner, F. Ricken, et B. Welte, *Zur Frühgeschichte der Christologie*, Quaestiones Disputatae 51, Freiburg-Basel-Wien, 1970, 65.

[60] Cf. *Ibid.*, 60-66.

[61] *Ibid.*, 66. Il est évident que dans nos analyses sur le mythe, celui-ci n´a nullement le sens non-historique. C´est ainsi que le terme « mythologisation » ne signifie pas « deshistorisation ». Cf. P. Kalola Bupe, *Unité et pluralité de la christologie*, 25-99 ; Id., *La valeur du mythe* ; Id., « De la place du mythe dans la philosophie de Hubert Mono Ndjana à la conception intégrale du mythe », in : L. Mpala Mbabula, *La philosophie négro-africaine en marche*, 29-108.

que la « Vita de Jésus demeure le contexte nécessaire de l'homologèse. La christologie ne peut pas être construite de l'homologèse seule »[62].

2.2. *Le caractère historique concret de Jésus le Fils de Dieu dans la tradition conciliaire christologique*

La tradition conciliaire christologique a pu maintenir et mettre en évidence le caractère historique et concret du Fils de Dieu. Le concile de Nicée (325) déclare que le Seigneur, le Fils de Dieu, c'est *Jésus Christ* qui « est descendu et s'est incarné, s'est fait homme, a souffert et est ressuscité le troisième jour, est monté aux cieux... » (**DH 125**). Le premier Concile de Constantinople (381) insère dans le Symbole quatre précisions historiques: deux personnes : « par Marie » et « sous Ponce Pilate » ; et deux faits : « il a même été crucifié pour nous » et « a été enseveli » (**DH 150**). Les Conciles d'Éphèse (431) et de Chalcédoine (451) indiquent également que notre Seigneur Jésus Christ a été engendré de la Sainte Vierge Marie (cf. **DH 251 ; 301**). Toutes ces précisions ne sont ni insignifiantes ni fortuites. Elles constituent des garde-fous, de peur que Jésus soit considéré comme une personne non historique.

Les exégètes et théologiens contemporains préfèrent des titres d'ouvrages christologiques qui font ressortir le caractère historique concret de la personne de Jésus: « Jésus de Nazareth »[63], « Jésus le Nazaréen »[64],

---

[62] *Ibid.*, 72.
[63]Cf. J. Blank, *Jesus von Nazareth. Geschichte und Relevanz*, Freiburg-Basel-Wien, 1972; D. Bourgeois, *Jésus de Nazareth*, Paris 2017 ; J. Gnilka, *Jesus von Nazareth. Botschaft und Geschichte*, Freiburg-Basel-Wien, 2004[6]; R. Fabris, *Gesù di Nazareth. Storia e interpretazione*, Cittadella editrice, 1983 ; B. Forte, *Jésus de Nazareth. Histoire de Dieu-Dieu de l'histoire*, Paris, 1984 ; Gonzalez de Cardedal, *Jesus de Nazareth. Approximation à la Cristologie*, Madrid, 1978 ; D. Long, *Jésus de* Nazareth, *Juif de* Galilée, Paris, 2011 ; D. Marguérat, *Vie et Destin de Jésus de Nazareth. Que sait-on de Jésus aujourd'hui*, Paris, 2019 ; J. Ratzinger, /Benoît XVI, *Jésus de Nazareth. 1-3 parties*, Ed. du Rocher, 2007-2012 ; etc.
[64] Cf. R. Fabris, *Gesù il « Nazareno ». Indagine storica*, Cittadella, 2012.

« Jésus (le) Christ »[65], « Jésus. L´histoire d´un vivant »[66], «*Jesus, a Marginal Jew* »[67], « Jésus, le juif central »[68], « Jésus juif de Galilée » »[69], etc. La mémoire de l´histoire de Jésus n´est pas un simple souvenir de l´histoire passée de Jésus, mais une mémoire qui la rend présente, une mémoire qui articule récits et significations, en ce sens que « les récits historiques sur Jésus Christ s´articulent dans des contextes de sens qui ont une signification existentielle pour la gestion actuelle du temps, pour la reconnaissance, l´action et la souffrance des êtres humains »[70].

2.3. L´importance de la dimension historique dans la christologie africaine

Quand la christologie africaine a pris un grand élan aux environs des années quatre-vingts du siècle dernier, la christologie occidentale contemporaine avait déjà montré la préférence à commencer par la christologie d´en bas pour réviser le caractère unilatéral de la christologie classique d´en haut qui régnait durant des siècles. Il s´avère que la raison

---

[65] Cf. F. Ardusso, *Gesù Cristo. Figlio del Dio vivente,* San Paolo Editrice, 2006 *;* L. *Boff, Jésus-Christ libérateur. Essai de christologie critique*, Paris 1974 ; P. Hünermann, *Jesus Christus, Gottes Wort in der Zeit. Eine Systematische Christologie*, Münster 1997 ; W. Kasper, *Jésus le Christ*, trad. française, Paris, 2010 ; R. Schnackenburg, *Jesus Christus im Spiegel der vier Evangelium*, Freiburg-Basel-Wien, 1998 ; J. Sobrino, *La fe en Jesuchristo, Ensayo desde las victimas*, Madrid, 1999.

[66] Cf. E. Schillebeeckx, *Jesus. Die Geschichte von einem lebenden*, trad. allemande, Freiburg-Basel-Wien, 1975.

[67] Cf. J.-P., Meier, *A Marginal Jew : Rethinking the Historical Jesus, Vol. 1, The Roots of the Problem and the Person,* Yale University Press 1991 ; *vol. 2, Mentor, Message, and Miracles, 1994 ; vol. 3, Companions and Competitors, 2001 ; vol. 4, Law and Love, 2009 ; vol. 5, Probing the authenticity of parables*, 2016 (trad. française *Un certain juif, Jésus. Les données de l´histoire, vol. 1, Les sources, les origines, les dates,* Paris *2004 ; vol. 2, La parole et les gestes*, 2005 ; vol. 3, *Attachements, affrontements, ruptures, 2005 ; vol. 5, Enquête sur l´authenticité des paraboles,* 2018).

[68] A. Lacocque, *Jésus, le juif central*, Paris, 2018 (original en anglais en 2015).

[69] Cf. Barbaglio, *Gesù ebreo di Galileo. Indagine storica,* Bologna, 2002.

[70] G. Essen, « Jesus als Christus heute. Die Schwierigkeiten gegenwärtiger christologischer Reflexion », in : *Herder Korrespondanz Spezial. Jesus von Nazareth* (Mai 2007), 23-26, 23.

principale de ce changement de perspective est biblique : la personne concrète de Jésus de Nazareth est le seul accès possible à la foi christologique. « L´histoire humaine de Jésus Christ est le point de référence de toutes les affirmations christologiques. Elle est aussi leur mesure et leur critère approprié »[71]. Sur ce point, la christologie africaine partage le même point de vue que la christologie occidentale. Cependant, les péripéties de la question de Jésus historique n´ont pas suscité un intérêt particulier en christologie africaine. Elles sont restées en marge de ses préoccupations théologiques majeures immédiates. La raison évoquée par Jean-Luc Vande Kerkhove, telle que « le caractère hautement technique des débats »[72], est totalement inacceptable, car il semble sous-estimer la capacité et la compétence de nombreux éminents biblistes africains, dont la notoriété n´est plus à démontrer, à prendre part à des tels débats scientifiques. Il est bien évident que les recherches christologiques africaines bénéficient du mérite de la question de Jésus historique. Eloi Messi Metogo n´a-t-il pas raison de dire que la « christologie africaine ne peut pas s´élaborer dans l´ignorance de la recherche historico-critique sur le milieu du Nouveau Testament, la personne de Jésus, l´authenticité et le sens de ses paroles et de ses actes. Il y va du sérieux de notre réappropriation du christianisme…Pour le salut de l´Afrique, nous avons besoin d´une christologie équilibrée, plus proche de l´Évangile »[73].

Ainsi, tout essai de christologie africaine dont la pierre angulaire est le haut-titre « Fils de Dieu » doit impérativement évoquer les détails historiques de la vie de Jésus pour éviter de donner l´impression de parler

---

[71] H. Kessler, « Christologie », in : Th. Schneider, (Hrsg.), *Handbuch der Dogmatik*, 385 ; P. Selvetico et D. Strahm, *Jesus Christus. Christologie*, Studiengang Theologie VI, 2, Zürich, 2010, 20.

[72] J.-L. Vande Kerkhove, « Quelle christologie pour l´Afrique sud-saharienne du troisième millénaire », in : M. Sodi, (A cura di), *"SUFFICIT GRATIA MEA". Miscellenea di studi offerti a Sua Em. Il Card. Angelo Amato in occasione del suo 80° genetico*105. Cité de Vatican, 2019, 109.

[73] E. Messi Metogo, « Le Salut dans l´Afrique d´aujourd´hui. Perspectives christologiques », 154-155.

d´une personne autre que Jésus de Nazareth, qui est présenté dans le Nouveau Testament comme étant le fils de la Vierge Marie et fils adoptif de Joseph. Il grandissait dans sa famille de Nazareth « en sagesse, en taille et en grâce devant Dieu et devant les hommes » (Lc 2, 52), etc. L´analyse de Jean-Luc Vande Kerkhove souligne avec insistance l´importance de la dimension historique pour une christologie pertinente en nouveau contexte africain. Aussi trouve-t-il son nouveau point de départ « dans l´agir, les attitudes et les paroles du Christ qui révèlent sa personne, et ce en vue de permettre aux chrétiens africains, confrontés aux réalités d´aujourd´hui, de reconnaître en lui le Fils de Dieu "chemin, Vérité et Vie" » (Jn 14, 6) »[74]. Par conséquent, le rapprochement entre le contexte socio-culturel de Jésus de Nazareth et celui des africains offre assez des similitudes. Le portrait historique de Jésus qui en sort le présente proche des situations que les africains vivent eux-mêmes[75]. Somme toute, dans les recherches christologiques en Afrique, toute la dynamique historique de Jésus devra être orientée et approfondie selon la sensibilité africaine et recevoir par conséquent la marque d´une signifiance africaine.

[74] J.-L. Vande Kerkhove, « Quelle christologie pour l´Afrique sud-saharienne du troisième millénaire », 108.
[75] Cf. *Ibid.*

3. La dimension théologique de la christologie africaine

3.1. La filiation divine de Jésus dans le Nouveau Testament

On constate dans le Nouveau Testament que Jésus n´est pas que le fils de Marie, mais surtout et essentiellement le Fils de Dieu. La relation unique en son genre entre Jésus et Dieu est mise sous le schème de la parenté : Jésus est le Fils de Dieu (*filiation*) ou Dieu est le Père de Jésus (*paternité*). Cette évidence provient des résultats des recherches bibliques qui attestent que « Jésus s´est adressé à Dieu avec une intensité absolument unique, en l´appelant *abba*, et qu´il a maintenu cette union personnelle jusque dans sa mort dans l´obéissance (Mc 14, 36) »[76]. En s´adressant à son Père, il ne s´est jamais mis sur le même plan que ses disciples. Il dit toujours : « mon Père » et « votre Père » (Mt 5, 16.45.48 ; 6, 1.14.26.32 ; 7, 11.21 ; 10, 20.29.32 ; 11, 27 ; 15, 13 ; 16, 17 ; 18, 10.14.19 ; 20, 23 ; 23, 9 ; 25, 34 ; 26, 29.39.42.53 ; Lc 2, 49 ; 12, 32 ; Jn 5, 36. 43 ; 6, 32.40 ; 8, 19 ; 10, 18.29 ; 15, 23 ; 20, 17). Le terme de « Fils de Dieu » attribué à Jésus apparaît dans plusieurs écrits du Nouveau Testament. On remarque aussi l´emploi du terme absolu du « Fils » chez Matthieu (Mt 11, 25.27), Luc (10, 22) et chez Jean associé au terme de « l´unique-engendré » (Jn 1, 14d.18b ; 3, 16.18 ; 5,22-23). La teneur théologique transparaît également dans le reproche des juifs : « Ainsi les juifs n´en cherchaient que davantage à le tuer, puisque, non content de violer le sabbat, il appelait encore Dieu son propre Père, se faisant égal à Dieu » (Jn 5, 18 ; 10, 33). L´image du Fils place Jésus dans la sphère de Dieu lui-même. C´est ainsi que certains textes, notamment Jn 1, 1 ; 20, 28 ; Rm 9, 5 ; Col 2, 9 ; Tt 2, 13 ; 1Jn 5, 20, osent affirmer clairement que Jésus est Dieu. De ce fait, le Christ, visible aux yeux des hommes, « est l´image du Dieu invisible » (2 Co 4, 4 ; Col 1, 15). Par conséquent, il existe un

---

[76] W. Kasper, *La théologie et l´Église*, trad. française par J. Hoffmann, Paris, 1990, 334.

rapport fondamental entre la confession de Jésus comme Fils de Dieu et la théologie de la révélation chrétienne (Mt 11, 25-27 ; Lc 10, 22 ; Jn 1, 14.18).

3.2. La précision décisive de la relation pré-existentielle entre le Père et le Fils au concile de Nicée (325)

Au cours de l´évolution du dogme christologique, le moment décisif pour saisir la relation pré-existentielle entre Dieu et Jésus Christ est atteint dans le différend entre la christologie hérétique d´Arius et la profession de foi de Nicée. Les deux recourent au schème de parenté, déjà présent dans le Nouveau Testament : *Dieu est le Père* et *Jésus Christ est son Fils*. Néanmoins, le désaccord est patent dans l´herméneutique de l´application du schème de parenté humaine à la relation entre Dieu et le Seigneur Jésus Christ. On sait déjà qu´Arius développe sa pensée en deux aspects de la parenté humaine : d´une part, il s´agit de l´*aspect temporel*: un homme devient père quand il a un fils. Il précède un temps pendant lequel il n´était pas père, parce qu´il n´avait pas encore un fils. Arius applique cet aspect à la relation entre Dieu et le Logos. Il comprend ce temps « pré-chronologique »[77] du Père par rapport au Fils selon la perspective néo-platonicienne et la perspective biblique. Dans les deux perspectives, il pense que seul Dieu le Père (*ho théos*) est éternel ; c´est pourquoi il est *monas* transcendant : il est l´unique sans principe, ineffable, indicible, invisible, inengendré, immuable, invariable, bon et juste. Quand il parle du Fils, il préfère maintenir la distinction entre les deux perspectives. Selon la perspective du moyen-platonisme, Arius admet également un temps « pré-chronologique » du Fils par rapport aux autres êtres créés. Son temps est le pré-temps ou l´ « *aevum*

[77] K.-H. Menke, *Jesus ist Gott der Sohn. Denkformen und Brennunkte der Christologie*, Regensburg, 2008, 248.

intermédiaire »[78] entre l´éternité de Dieu et le temps des autres créatures. Selon l´autre perspective biblique, Il n´admet plus un temps intermédiaire et place le Fils dans le temps plus englobant des créatures. C´est à juste titre que Friedo Ricken observe que « l´arianisme représente une première crise de la pensée moyen-platonicienne, lorsqu´il soutient que pour la foi chrétienne il n´y a pas de degré dans le divin et donc pas de troisième terme entre la transcendance et le monde créé »[79].

D´autre part, il est question de l *´aspect ontologique*. Arius évite expressément de demeurer sur le plan humain, sinon il se sentirait obligé de reconnaître la même substance entre Dieu le Père et son Fils. Car si un homme n´engendre qu´un homme, Dieu ne peut engendrer qu´un Dieu. Or à l´en croire, le « Père est étranger au Fils selon l´essence »[80]. Le sens qu´Arius confère à la relation entre Père et Fils est un sens large. Les personnes en relation se situent dans deux sphères différentes. Tandis que le Père se trouve dans la sphère incréée, le Fils appartient à la sphère créée. Pour articuler les deux, séparés par un fossé temporel et ontologique, il n´imagine que l´acte de création direct et parfait à partir du Néant. Pourtant, ce schème vise également à faire valoir la position prééminente du Fils : «...Dieu...a engendré son Fils unique...créature de Dieu parfaite, mais non pas comme une des créatures, production, mais non pas comme un des êtres produits »[81]. Le Fils est la proto-créature parfaite de Dieu et l´unique être créé directement par Dieu, qui assume la fonction de la médiation créatrice pour les autres êtres créés. C´est ainsi qu´il croit que s´il mérite d´être appelé *théos,* il ne peut en aucun cas franchir les limites qui le distinguent du *ho théos.*

---

[78] Arius, *Thalia*, 18, cité par E. Boularand, *L´Hérésie d´Arius et la « foi » de Nicée. Première partie. L´hérésie d´Arius*, Paris, 1972, 59.

[79] F. Ricken, « Das Homoousios von Nikaia als Krisis des altchristlichen Platonismus », in : B. Welte, (Hrsg.), *Zur Frügeschichte der Christologie*, Freiburg-Basel-Wien, 1970, 99.

[80] Arius, *Thalia*, 18, cité par E. Boularand, *L´Hérésie d´Arius et la « foi » de Nicée*, 73.

[81] Urkunde 6 ; Profession de Foi d´Arius et de ses compagnons à Alexandre d´Alexandrie, cité par E. Boularand, *L´hérésie d´Arius*, 49-51.

Contrairement à Arius, l'effort des pères conciliaires est celui de suggérer une interprétation fidèle à la tradition christologique chrétienne. Le pari n'est pas d'emblée gagné par eux. Ils doivent parler d'une relation au-delà de l'expérience de ce monde visible. Leur attachement au langage biblique est motivé par le principe selon lequel le monde invisible n'est accessible que par la révélation biblique. Aller au-delà de ce langage biblique peut aboutir à des spéculations inutiles comme c'est le cas dans l'arianisme. Toutefois, la fidélité au langage biblique n'est pas toujours synonyme de la fidélité à la foi christologique. Les pères conciliaires donnent la clé herméneutique du schème de parenté appliqué à la relation entre Dieu le Père et le Seigneur Jésus Christ. Cette clé est livrée aussi bien par l'anathème[82], à partir duquel on scrute le message de Nicée que par ses quatre éléments additionnels (*c'est-à-dire de la substance du Père, vrai Dieu de vrai Dieu, engendré non pas créé, consubstantiel au Père*). La partie christologique de la formule de Nicée accorde une place de premier plan au schème de la parenté. Quatre expressions se réfèrent explicitement à lui : *Père, Fils, engendré du Père et Unique engendré*. Les deux premières sont corrélatives. Parler du Père suppose le Fils, et parler du Fils présuppose le Père. Les deux autres mettent en relief un processus, une dynamique. Pour la première, c'est une dynamique de provenance du Père ; la seconde insiste sur le caractère exceptionnel de cette dynamique. Par ailleurs, la formule suivante « *...de...* » dans « *Dieu de Dieu* » et « *lumière de lumière* » exprime implicitement ce même schème de parenté dans le sens de « né de » ou « engendré de». On ne doit pas pour autant perdre de vue que toutes ces expressions de fondements bibliques sont vouées à une mésinterprétation arienne.

---

[82] Cf. P. Hünermann, *Jesus Christus*, 142 ; J.-H. Tück, «Jesus Christus –Gottes Heil für uns. Eine dogmatische Skizze », in : G. Hotze, T. Niklas, M. Tomberg, et J.-H. Tück, *Jesus begegnen. Zugänge zur Christologie*, Freiburg-Basel-Wien, 2009, 127.

Les pères conciliaires offrent une interprétation divergente de celle d´arianisme en admettant exclusivement l´aspect ontologique de la parenté humaine : « de même qu´un homme engendre un homme, c´est-à-dire un être semblable à lui selon l´être, ou de même substance que lui ; de même Dieu le Père engendre le Fils »[83]. Ils écartent intégralement l´aspect chronologique. Le Père ne précède pas le fils chronologiquement. K.-H. Menke résume on ne peut plus mieux cette pensée : « Le terme "génération" exprime que le Fils procède du Père autrement que par l´acte de création des créatures contingentes. Et comme le Fils, en dépit de sa procession du Père, est "Dieu de Dieu", le concile précise que l´être-inengendré (agennésie) du Père en face de l´être-engendré (gennésie) du Fils ne signifie pas un "pré" ontologique et chronologique »[84]. Cela veut dire que le « dogme de Nicée »[85] soutient la thèse selon laquelle « le Fils n´est pas du côté des créatures, mais du côté de Dieu ; par conséquent il n´est pas créé, mais engendré, et de même substance (*homoousios*) que le Père »[86]. Ce terme technique *homoousios* à l´origine et à l´histoire suspectes[87], sur lequel « tout le poids de la réponse orthodoxe à l´arianisme était concentré »[88], veut dire dans ce contexte que le « *Fils se tient sur le degré d´être du Dieu transcendant. Ce que nous disons du Dieu transcendant, nous devons le dire aussi du Fils* »[89]. La relation du Père et du Fils se situe complètement dans la sphère increéée. Ainsi, « par la thèse d´une génération en Dieu, de la vraie égalité d´essence, ainsi que la réelle différence entre le Père et le Fils (et l´Esprit), le problème du monothéisme chrétien se trouvait mis fortement

---

[83] B. Sesboüé, *Jésus-Christ dans la tradition de l´Église*, revue, corrigée et mise à jour, Paris, 2000[2], 79.
[84] K.-H. Menke, *Jesus ist Gott der Sohn*, 248.
[85] A.-M. Ritter, « Dogma und Lehre in der alten Kirche », in : C. Andresen, (Hrsg.), *Handbuch der Dogmen-und Theologiegeschichte, Bd. 1 : Die Lehrentwicklung im Rahmen der Katholizität*, Göttingen 1999[2], 99-283, 169 ;170.
[86] W. Kasper, *Jésus le Christ*, 266.
[87] Cf. J. N. D. Kelly, *Early Christian Creeds*, London-New York, 2006[3], 238.
[88] *Ibid.*
[89] F. Ricken, « Das Homoousios von Nikaia als Krisis », 83.

en opposition au judaïsme et la conception de Dieu dans le moyen platonisme »[90]. Il est clair que Nicée propose « une solution ad hoc »[91]. La formule *homoousios tô patri* demeure équivoque. Elle peut être comprise dans le sens polythéiste (ici dithéiste) ou dans le sens modaliste[92].

3.3. L´articulation relationnelle de la christologie africaine

Le parcours de la christologie biblico-dogmatique démontre que Jésus Christ se définit comme personne à multiple relation dont le centre est bien sûr sa double relation particulière à Dieu et à Marie sous le schème de parenté. Cette relation christologique fondamentale, exprimée également en termes de génération divine et de génération humaine (né de Dieu et né de Marie) dévoile sa divinité et son humanité. L´articulation relationnelle de la christologie sera de plus en plus remplacée par l´articulation ontologique de la christologie (une personne en deux natures) qui, au départ, n´avait que le rôle théorique de précision dogmatique par rapport aux différentes opinions hérétiques ou par souci d´approfondissement de la foi christologique en faisant usage du langage formel de la philosophie populaire ambiante. La christologie occidentale contemporaine privilégie l´articulation relationnelle de la christologie[93].

---

[90] Card. A. Grillmeier, *Le Christ dans la tradition chrétienne I. De l´âge apostolique au concile de Chalcédoine (451)*, 2° édition revue et corrigée, Paris, 2003, 562.

[91] *Ibid.*, 408 ; W. Kasper, *Le Dieu des chrétiens*, trad. française par M. Kleiber, Paris 1996, 270.

[92]Cf. H. Kessler, « Christologie », 340 ; W. A. Bienert, *Dogmengeschichte*, (Grundkurs Theologie Bd. 5, 1= UB Bd. 425, 1), Stuttgart/Berlin/Köln, 1997, 165.

[93] Cf. U. Lothar, «Hypostatische Union », in : W. Beinert, *Lexikon der katholischen Dogmatik*, Freiburg-Basel-Wien, 1997, 276-282, 279 : « In der neueren katholischen Christologie hat sich die relational-trinitarische Deutung der Hypostatischen Union weithin durchgesetzt. Hier sind (bei gewichtigen Unterschieden im Detail !) besonders zu nennen : D. Wiederkehr, W. Kasper, H. U. v. Balthasar, B. Forte, J. Ratzinger » ; 280 : « Von der H. U. und den zwei Naturen ist nach dieser Deutung nur "indirekt" zu reden: Das Verhältnis seiner Jesu Christi zum Vater steht im Vordergrund (relational-trinitarisch), nicht das Verhältnis seiner Menscheit zu seiner Gottheit (binnenchristologisch); in der Einheit Jesu mit Gott wird seine Gottheit, im Gegenüber

Quant à la christologie africaine, elle a renoncé dès le début au langage ontologique statique. A la question fondamentale de l'identité de Jésus, la christologie africaine ne répond pas en recourant à une *chirurgie ontologique*, dont l'objectif serait de découvrir le *squelette ontologique :* « Jésus est une personne en deux natures divine et humaine ». Cette réponse jette le regard uniquement sur la personne de Jésus en voulant scruter son mystère interne. Elle néglige pourtant que Jésus se définit comme une personne-en-relation avec Dieu, avec l'humanité et avec le cosmos. « Ce concept d'être comme être-en relation détermine profondément la nature et la direction de la christologie africaine d'aujourd'hui »[94]. Elle est certes une christologie relationnelle.

3.4. L'urgence de la valorisation de la dimension pneumatologique en christologie africaine

De plus, il existe dans le Nouveau Testament un lien étroit entre Jésus comme Fils de Dieu et l'Esprit-Saint : « l'Incarnation, comme toute l'histoire et tout le destin de Jésus, se déroule "dans l'Esprit Saint". L'Ecriture voit l'Esprit à l'œuvre à tous les stades de l'histoire de Jésus: Jésus est conçu de la Vierge Marie par la force de l'Esprit (Lc 1, 35 ; Mt 1, 18.20) ; au baptême il est établi par l'Esprit dans sa fonction messianique (Mc 1, 10 par.) ; il agit par la force de l'Esprit (Mc 1, 12 ; Mt 12, 28 ; Lc 4, 14.18 et passim) ; sur la croix il s'offre au Père comme victime dans le Saint-Esprit (He 9, 14) ;

Jesu zum Vater seine Menschheit zum Ausdruck gebracht und so der bleibende Unterschied beider beachtet » ; W. Kasper, « "Quelqu'un de la trinité..." Pour un fondement nouveau d'une christologie spirituelle dans une perspective de théologie trinitaire », in : Id., *La théologie et l'Eglise*, 34 : « Sur la base de telles réflexions il est compréhensible, mais également légitime, que dans leur interprétation beaucoup de théologiens actuels prennent comme point de départ non plus la question du rapport de deux natures en Jésus Christ, mais ce qui, selon le témoignage de tous les évangiles, constitue le centre de la vie et de la personne de Jésus : sa communication personnelle avec le Père ».

[94] J.-J. Alviar, « Anthropological foundations of African Christology », in *African Christian Studies* 1(1997), 19-27, 20.

ressuscité par la force de l´Esprit (Rm 1, 4 ; 8, 11), il devient lui-même l´ "Esprit dispensateur de vie"(1 Co 15, 45) »[95]. D´après Heribert Mühlen, « le titre "Fils de Dieu" apparaît de plus en plus étroitement lié à l´idée que Jésus possède de façon permanente l´Esprit (c´est-à-dire que l´Esprit de Dieu est présent en lui) »[96]. Cela revient à dire que c´« est parce que Jésus est oint par l´Esprit (cf. Is 61, 1 ; Lc 4, 21 ; Ac 10, 38) qu´il est le Christ, c´est-à-dire l´Oint. Plus encore : c´est dans l´Esprit que Jésus est le Fils de Dieu »[97].

Il est tout à fait évident que la revalorisation de l´aspect pneumatologique de la christologie constitue « la réorientation sans doute la plus importante et la plus riche de conséquences en christologie contemporaine »[98]. Une christologie d´orientation pneumatologique peut certes mieux que toute autre, d´une part fonder la singularité de Jésus Christ et d´autre part constituer sa perspective « universelle, en tant qu´unique sauveur, unique canal de la miséricordieuse tendresse du Père envers tous les hommes de tous les temps »[99]. Il s´agit de montrer que « Jésus Christ est, d´une part, la fin et le sommet de la présence et de l´action de l´Esprit de Dieu dans la création nouvelle; il est, d´autre part, le point de départ de l´envoi de l´Esprit. Dans le Christ, l´Esprit a en quelque sorte définitivement atteint son but, la création nouvelle. Son rôle ultérieur n´est plus que d´intégrer tout le reste de la réalité dans la réalité du Christ ou d´universaliser la réalité de Jésus Christ »[100]. De ce fait, toute action ultérieure du Christ se fait toujours dans l´Esprit. Les réflexions théologiques et les définitions dogmatiques au cours de l´histoire du dogme,

---

[95] W. Kasper, *Jésus le Christ*, 380-381.
[96] H. Mühlen, « L´événement de l´Esprit dans l´événement Jésus-Christ », in: *Mysterium Salutis*, vol. 13, Paris, 1972, 191-209, 191-192.
[97] W. Kasper, *Jésus le Christ*, 381.
[98] W. Kasper, « Tâches de la christologie actuelle », in: A. Schilson, et W. Kasper, *Théologiens du Christ aujourd´hui*, trad. fr., Coll. « Jésus et Jésus-Christ n° 15 », Paris, 1978, 169-190, 181.
[99] P. A. Scarin, « La théologie africaine vue par l´Église d´Italie », in : *Théologie africaine. Bilan et perspectives*, 403-410, 408.
[100] W. Kasper, *Jésus le Christ*, 389-390.

notamment au premier concile de Constantinople (381), préciseront non seulement que l´Esprit est une personne divine, mais également dans quel sens il faut comprendre sa relation aux autres personnes divines. Les deux formules de l´Orient (l´Esprit-saint procède du Père par le Fils) et de l´Occident (l´Esprit-Saint procède du Père et du Fils) supposent que Dieu (*ho Théos*) de qui procède l´Esprit-Saint est le Père du Fils.

La majorité « des modèles christologiques africains développent des thèmes en rapport avec l´Esprit-Saint sans toutefois le citer. Ce sont en l´occurrence la présence du Christ parmi ses disciples ou dans le monde entier, l´adoption filiale des hommes, le Christ comme roi, etc.»[101]. Ce qui a fait croire à certains théologiens qu´il y avait une lacune de la dimension pneumatologique dans la christologie africaine. C´est notamment le diagnostic d´Etienne Kaobo Sumaidi qui pense que « les théologiens africains accentuent beaucoup *la relation du Christ aux hommes.* S´ils arrivent à parler également de la *relation du Christ à son Père,* ils développent, par contre, très peu *sa relation avec l´Esprit-Saint* »[102]. Il y a certes présence des thèmes en rapport avec l´Esprit-Saint. « C´est dans l´Esprit que le Christ est présent, c´est dans l´Esprit que nous sommes adoptés comme fils et filles de Dieu. C´est dans l´Esprit qu´il règne sur l´univers. Aussi faut-il noter que la *relation* entre le Christ et les hommes et *celle* entre le Christ et son Père ne peuvent se concevoir que comme spécificité de l´Esprit-Saint »[103]. Ce qui reste à faire cependant est de recueillir ces divers thèmes dans une élaboration systématique de la dimension pneumatologique de la christologique africaine.

---

[101] P. Kalola Bupe, *Unité et pluralité de la christologie,* 290.
[102] E. Kaobo Sumaidi, *Christologie africaine (1956-2000)*, 317.
[103] P. Kalola Bupe, *Unité et pluralité de la christologie,* 290.

3.5. L´enjeu de l´inscription trinitaire de la christologie africaine

La profession de Jésus comme Fils de Dieu conduit inévitablement à la reconnaissance de la relation restreinte entre la Christologie et la Trinité selon les deux points de vue christologiques différents : du point de vue christologique d´en bas, la Trinité est la résultante de la Christologie : la connaissance de Jésus Christ atteint sa plénitude dans la connaissance de la Trinité, qui est la vérité finale et profonde de toute Christologie. Autrement dit, l´économie du salut en Jésus Christ révèle le Dieu trinitaire et demeure la source unique et définitive de toute connaissance touchant le mystère de la Trinité. L´élaboration de la doctrine trinitaire ne peut prendre source que dans l´économie du salut[104]. Toutefois, du point de vue de la christologie d´en haut, corrélative à la première, la Trinité demeure la condition de possibilité de la christologie : « Si Dieu s´est communiqué totalement et définitivement par Jésus-Christ dans le Saint-Esprit et s´il s´est défini par là comme le "Père de notre Seigneur Jésus-Christ", c´est que Jésus appartient à l´être éternel de Dieu. La reconnaissance du caractère eschatologique de l´histoire du Christ devait nécessairement conduire à s´interroger sur l´être proto-logique de Jésus et sur sa préexistence »[105]. Cette question de la préexistence est toutefois une question de la vie intratrinitaire divine.

Dans les deux premières de ses trois préoccupations concernant les modèles de la dynamique christologique ascendante (le Christ ancêtre, le Christ chef, le Christ guérisseur, le Christ initiateur), P. A. Scarin dénonce le fait que le thème de la préexistence et celui corollaire de l´incarnation ne sont pas explicitement mis en évidence[106]. Il sied de rappeler néanmoins

---

[104] Cf. Commission Théologique Internationale, « Théologie, christologie, anthropologie », in : Id., *Textes et documents (1969-1985)*. Préface du Cardinal J. Ratzinger. Paris, 1988, 242-261.
[105] W. Kasper, *Jésus le Christ*, 258.
[106] Cf. P. A. Scarin, « La théologie africaine vue par l´Église d´Italie », in : *Théologie africaine. Bilan et perspectives*, 408.

que la préexistence et l´incarnation font partie des fondements théologiques du processus de christologisation des concepts africains, qui consiste en la réinterprétation de ces mêmes concepts pour les rendre susceptibles d´exprimer le contenu de la foi christologique. On observe en l´occurrence l´apparition des titres comme « proto-ancêtre », « ancêtre-aîné », « ancêtre suprême », « ancêtre par excellence », etc. Cette relecture n´est pas que superficielle, étant donné que parfois elle ne concerne pas les dénominations qui restent intactes (notamment maître d´initiation, chef, guérisseur et roi). Elle réalise plus une reconfiguration significative de leur contenu.

L´enjeu essentiel de la théologie africaine est de promouvoir la christologie comme l´unique accès à l´élaboration du discours chrétien sur Dieu. Bruno Chenu reproche déjà à la théologie africaine une juxtaposition entre d´un côté « le discours sur Dieu, puisé dans la religion traditionnelle, pour dire finalement que les Africains ne sont pas des demeurés et qu´ils connaissent Dieu depuis toujours »[107] et de l´autre côté, « le discours sur le Christ, puisé dans le Nouveau Testament et la tradition de l´Eglise, et qui cherche à se donner une coloration africaine »[108]. Kissito Essele Essele fait le réquisitoire similaire : l´«analyse de l´inscription trinitaire des christologies africaines montre qu´elles demeurent timides, insatisfaisantes et laisse apparaître la disjonction entre la théologie et la christologie »[109]. C´est ainsi que Bruno Chenu propose que la relation « théologie-christologie soit pensée à nouveaux frais dans le contexte africain »[110]. Il s´agit d´articuler comment on descend de Dieu à Jésus et comment on monte de Jésus à Dieu. La question est de savoir la manière dont on confesse « le Dieu

---

[107] B. Chenu, « La théologie africaine vue par l´Église de l´Occident », in : *Théologie africaine. Bilan et perspectives*, 391-401, 399.

[108] *Ibid.*

[109] Kisito Essele Essele, *La Trinité visitée: propositions pour une approche trinitaire en Afrique subsahélienne,* (Thèse), Strasbourg, 2008, résumé, consulté sur www. theses.fr/2008STR20023.

[110]*Ibid.*

de Jésus Christ sans d´autre part dévaluer l´expérience traditionnelle de Dieu, tout en en marquant les limites »[111]. Selon lui, la solution serait l´élaboration d´une théologie trinitaire systématique qui souligne que l´originalité chrétienne, c´est aussi bien Jésus-Christ que son Père[112]. On peut aussi lui rétorquer : Pourquoi laisse-t-il sous silence la place de l´Esprit-Saint, qui fait partie intégrante de l´originalité chrétienne ?

Bede Ukwujie fait une approche similaire, mais dans un style diachronique en distinguant entre l´approche d´hier et celle d´aujourd´hui : d´une part, « il fallait hier affirmer que Dieu n´est plus un étranger pour les Africains que pour les traditions du Proche-Orient, de l´Europe ou de l´Asie afin de contester, au nom de l´Évangile, le mépris pour les cultures et traditions africaines qui transpirait des efforts missionnaires les plus sincères »[113]. Cette période étant révolue, il est d´une importance capitale aujourd´hui d´autre part « de réaffirmer la singularité et la perpétuelle nouveauté du Dieu de Jésus-Christ pour relancer la mission chrétienne et travailler au vivre ensemble dans le contexte de pluralisme religieux dans un monde globalisé »[114].

Dans la première phase de l´élaboration trinitaire, « l´expression de la doctrine de la Trinité est restée embryonnaire et tâtonnante »[115] et caractérisée par la quête d´un concept-clé des traditions africaines, susceptible de permettre une élaboration systématique de la théologie trinitaire africaine, en l´occurrence les catégories de l´ancestralité (Charles Nyamiti)[116], de l´initiation (Bénézet Bujo)[117], de l´être-avec (Efoi Julien

---

[111] *Ibid.*
[112] *Ibid.*
[113] Bede Ukwije, *Trinité et inculturation*, Paris, 2008, 15.
[114] *Ibid.*
[115] Kisito Essele Essele, *La Trinité visitée.*
[116] C. Nyamiti, *Studies in African Christian Theology.* Vol. 1, *Jesus Christ, the Ancestor of Humankind : Methodological and Trinitarian Foundations*, Nairobi, 2005, 65-146.
[117] B. Bujo, *Introduction à la théologie africaine*, Fribourg, 2008, 77.

Penoukou)[118], de la rencontre (Godefroid Mukenge)[119], de la vie (Bénézet Bujo, Kä Mana, Jean Bonane Bakindika)[120], de la parole dans la tradition négro-africaine (Bénézet Bujo)[121], etc. Toutefois, on ne doit pas perdre de vue que la théologie africaine n´a pas encore atteint un siècle d´existence. Ce serait trop exigé à une théologie trinitaire de quelques décennies d´avoir l´ossature des théologies trinitaires de plus de vingt siècles. Fort heureusement, dans la deuxième phase actuelle, on est déjà passé de quelques pistes de réflexions trinitaires à des élaborations de théologies trinitaires plus systématiques dont trois éléments les caractérisent : en premier lieu, on recherche les bases ou critères méthodologiques, épistémologiques et théologiques « pouvant permettre de sortir de l´aporie de la nomination de Dieu dans la théologie africaine de l´inculturation »[122]. En second lieu, on recourt à l´expérience aguerrie des théologiens occidentaux : Bede Ukwuije choisit Eberhard Jüngel[123] ; Jean Paul Sagadou se réfère à Bruno Forte[124] ; Désiré Matand s´inspire de Gilbert Greshake[125], Georges Njila Jibikilayi recourt à Hans Urs von Balthasar[126] ; André Jacques Kiali Nkambu se réfère conjointement à Karl Rahner, Eberhard Jüngel et

---

[118] E.-J. Penoukou, « Christologie au village », 102-103.
[119] Cf. G. Mukenge, « Une spiritulité africaine du mariage chrétien chez les bantu de l´Afrique : la Jamaa », in : *Revue du Clergé Africain*, 25 (1970), 151-172.
[120] Kä Mana, *La nouvelle Evangélisation en Afrique*, Paris et Yaoundé, 2000, 182; Bujo, B., *Introduction à la théologie africaine*, 115-117 ; J. Bonane Bakindika, *Le mystère de la trinité comme style de vie et forme de pensée dans le christianisme africain*, Paris, L´Harmattan, 2015.
[121] *Ibid., 117-119.*
[122] Bede Ukwije, *Trinité et inculturation*, 9.
[123] Cf. *Ibid.*
[124] Cf. J.-P. Sagadou, *À la recherche des traces africaines du Dieu-Trinité. Une reprise de l´approche narrative du mystère trinitaire de Bruno Forte*, Paris, 2006.
[125] Cf. D. Matand, *Les présupposés anthropologiques de la communion trinitaire chez Gisbert Greshake. Une relecture à partir de la perspective négro-africaine,* Frankfurt am Main, 2013.
[126] Cf. G. Njila Jibikilayi, *Dire la Trinité aujourd´hui : Éléments pour un discours théologique pertinent en contexte africain*, Édition du Panthéon, 2013.

Hans Urs von Balthasar[127], etc. En troisième lieu, on s´efforce de se réapproprier le mystère trinitaire selon les catégories de pensée africaine, de telle sorte qu´il ait un sens existentiel dans la vie quotidienne des africains[128]. Une approche pareille du mystère de la Trinité fonde, « éclaire et transforme tous les domaines de la vie individuelle et communautaire »[129]. Autrement dit, il s´agit de proposer « des chantiers et des ouvertures possibles pour penser le Dieu-Trinité en contexte africain. Une pensée qui soit en lien avec le vécu chrétien et capable de nourrir l´existence chrétienne sans rejeter "l´intelligence de la foi" »[130]. En ce sens, une option pastorale fondamentale précieuse, prise par les évêques africains au Synode de 1994[131], présente l´Église africaine « comme une famille-de-Dieu fondée sur une christologie trinitaire. Or, le constat est que sur le plan systématique, cette "christologie trinitaire" qui est au fondement de l´Église-famille, n´a pas été suffisamment travaillée »[132].

---

[127] Cf. A.-J. Kiadi Nkambu, *Le mystère de Dieu. Dieu-avec-nous-la révèlation d´un partenariat de vie. Contribution à la notion du mystère chez K. Rahner, E. Jüngel, H. U. von Balthasar*, Frankfurt am Main, 2014.

[128] Cf. J. H Owimo Kombo, *The Doctrine of God in African Christian Thought. The Holy Trinity. Theological Hermeneutics and the African intellectual Culture,* Boston 2007 ; P. Anzian, *Théologie trinitaire en instance africaine Tome 2. Le Kambonou comme rationalité africaine à la compréhension de Dieu-Trinité,* Paris, 2019.

[129]Kisito Essele Essele, *La Trinité visitée*.

[130] J-P. Sagadou, *À la recherche des traces africaines du Dieu-Trinité*, 13.

[131] Cf. Jean-Paul II, Exhortation apostolique, *Ecclesia in Africa*, Paris, 1995.

[132] J-P. Sagadou, *À la recherche des traces africaines du Dieu-Trinité*, 8.

4. La dimension sotériologique de la christologie africaine

4.1. La dimension sotériologique de la profession de foi de Jésus le Fils de Dieu dans le Nouveau Testament

La profession de foi de Jésus Christ comme étant le Fils de Dieu révèle la dimension sotériologique, qui est exprimée sans ambages dans Jn 3, 16 : « Car Dieu a tant aimé le monde qu´il a donné *son Fils, l´Unique-engendré,* afin que quiconque croit ne se perde pas, mais ait la vie éternelle » (cf. Ga 4, 4s ; Rm 8, 3s ; 1Jn 4, 9). Jésus explique par la suite qu´il est venu pour qu´on ait la vie en abondance (cf. Jn 10, 10). La vie en abondance, c´est la vie éternelle. La première lettre de Jean 5, 9-13 résume mieux l´importance du lien entre la profession de foi du Fils de Dieu et le don de la vie éternelle: « Celui qui *croit au Fils de Dieu* a ce témoignage en lui. Celui qui ne croit pas en Dieu fait de lui un menteur puisqu´il ne croit pas au témoignage que Dieu a rendu à son Fils. Et voici ce témoignage : c´est que Dieu nous a donné *la vie éternelle et que cette vie est dans son Fils. Qui a le Fils a la vie* ; qui n´a pas le Fils n´a pas la vie. Je vous ai écrit ces choses, à *vous qui croyez au nom du Fils de Dieu, pour que vous sachiez que vous avez la vie éternelle* ».

Dans Ga 2, 20, Paul souligne également le motif sotériologique de la profession de foi au Fils de Dieu dans sa vie : « Ma vie présente dans la chair, je la vis dans la foi *au fils de Dieu* qui m´a aimé et *s´est livré pour moi* ». D´autres formules parlent de « pour nos péchés » (1 Co 15, 3), « pour nous » (Rm 5, 8 ; 1Th 5, 10) ou « pour la multitude »(Mc 14, 24) ou encore « pour tous » (2Co 5, 14s ; 1 Tm 2, 6). Le Fils de Dieu est devenu homme, dit le Concile de Nicée, *propter nos et propter nostram salutem* (« pour nous et pour notre salut ») (DH 125).

4.2. Les paradigmes de la sotériologie chrétienne africaine

Que le Fils de Dieu soit venu pour donner la vie, la vie en plénitude, la vie éternelle répond à l´aspiration profonde de l´homme africain : « Vivre, vivre pleinement, augmenter et renforcer la vie, écrit Bakole wa Ilunga, voilà notre désir le plus profond »[133]. C´est à partir de cette compréhension que l´on développe la sotériologie chrétienne africaine, qui se présente sous différents paradigmes complémentaires[134] : il est à distinguer dans la sotériologie chrétienne africaine des paradigmes classiques et un nouveau paradigme de la solidarité.

4.2.1. Les paradigmes classiques de la sotériologique chrétienne africaine

1) *le paradigme médicinal*: on doit approfondir la tradition vétérotestamentaire de YHWH comme Médecin (Ex 15, 26), les témoignages bibliques sur les actes thérapeutiques de Jésus et la tradition patristique du « Christus medicus » [135] à la lumière des pratiques thérapeutiques africaines: « il faut souligner l´action de Jésus comme celui qui guérit ici et maintenant, et promouvoir le ministère de guérison et de

---

[133] Bakole wa Ilunga, *Chemins de libération*, Kananga, 1991, 9.

[134] Cette partie s´inspire du traité de sotériologie de D. Sattler, *Erlösung ? Lerhbuch der Soteriologie*, Freiburg-Basel-Wien, 2011, 91-123.

[135] Cf. G.-H. Baudry, *Les symboles du christianisme ancien I^e-VIIe siécle*, Cerf, 2009, 44-46; M. Herzog, « *Christus medicus, apothecarius, samaritanus, balneator. Motive einer „medizinisch-pharmazeutischen Soteriologie"* », in : *Geist und Leben* 67 (1994), 414-434 ; E. Sauser, « Christus Medicus-Christus als Arzt und seine Nachfolger im frühen Christentum », in : *Trierer Theologische Zeitschrift* 101 (1992), 101-123 ; E. Fichtner, « Christ als Arzt. Ursprünge und Wirkungen eines Motivs », in : *Frühmittelalterliche Studien* 16 (1982), 1-18.

délivrance »[136]. L´accent porte sur « l´abandon de l'homme dans les mains de Dieu »[137].

2) *le paradigme de libération en Afrique* n´a jamais été une simple copie de la théologie de libération de l´Amérique latine. Elle vise au-delà de structures d´injustice socio-économico-politiques [138] « la pauvreté anthropologique »[139]caractérisée par l´annihilation de l´identité humaine de l´africain non seulement par les forces coloniales, mais aussi par les autorités dictatoriales d´après les indépendances africaines et celles de démocraties biaisées actuelles.

3) *le paradigme architectural de la reconstruction[140] :* d'après Kä Mana, « Vivre la foi en Christ est aussi un chemin d´une compréhension nouvelle de nous-mêmes, une voie d´action et d´engagement pour la reconstruction de nos pays selon les perspectives de la vie en abondance. Cette vie dont nous avons à comprendre qu´elle n´est pas un simple besoin de prospérité économique ou de sécurité matérielle dans un champ social spirituellement tranquille, mais une réorientation globale de nos combats

---

[136] A. Kabasele Mukenge, *La Parole se fait chair et sang,* 26 ; cf. Kolié, C., « Jésus Guérisseur », in : F. Kabasele, , J. Doré, et R. Luneau, *Chemins de la Christologie africaine,* 167-193.

[137] A. Kabasele Mukenge, *La Parole se fait chair et sang,* 26.

[138] Cf. J.-M. Ela et R. Luneau, *Voici les temps des héritiers. Eglises d'Afrique et voies nouvelles,* Paris 1981 ; Id., *Cri de l'homme africain,* Paris 1980 ; Id., *De l´assistance à la libération. Les tâches actuelles de l'Eglise en milieu africain,* Paris, 1981 ; Id., *Ma foi d'Africain,* Paris, 1985 ; Id., *Repenser la théologie africaine. Le Dieu qui libère,* Paris, 2003 ; I. Ndongala Maduku, « Jean-Marc Ela (1936-2008) ou le bonheur de faire "la théologie sous l'arbre"», in: *Nouvelle Revue Théologique* 131 (2009), 557-569 ; L. Namwera, A. Shorter, A. Nasimiyu-Wasike, a.u, *Toward African Christian Liberation,* Nairobi, 1990.

[139] Cf. E. Mveng, « La théologie africaine de libération », in : *Concilium* 219 (1988), 31-51 ; A. Ngindu Mushete, *Les thèmes majeurs de la Théologie africaine,* Paris, 1989 ; Id., « La figure de Jésus dans la Théologie africaine », in : *Concilium* 216 (1988), 91-99 ; Id., « Courants actuels de la théologie africaine », in: *Bulletin de Théologie Africaine* 12 (1984), 247-252 ; H. Ngwezi ya Kuiza, *Jésus-Christ peut-il être africain ? La longue marche des chrétiens et théologiens africains dans leur rencontre avec Jésus Christ,* ED Havine (Belgique) 1993, p. 123 : « l'homme est pauvre en Afrique, d'abord parce qu'il n'est pas et non parce qu'il n'a pas. C'est un être qui est en cause, pas un avoir. C'est une pauvreté d'être et non d'avoir ».

[140] Cf. Ung´eyowun Bediwegi, « Une théologie africaine de la reconstruction ? », in : *Revue Africaine de Théologie,* 47-48 (2000), 189-195.

pour que l'humain en devienne réellement l'enjeu »[141]. On insiste assez sur la portée sotériologique de la christologie en montrant que « le Christ a une pertinence comme bâtisseur de l'humain, témoin d'un esprit sans lequel nos politiques comme nos économies, nos structures sociales comme nos institutions culturelles seront toujours sous la menace de l'inhumain »[142].

4.2.2. Le nouveau paradigme de la solidarité dans la sotériologie chrétienne africaine

Le paradigme de la solidarité[143]exige de prendre au sérieux le concept de la solidarité[144], solidement ancré dans nos sociétés africaines[145] et dans la Bible[146], comme concept central de la sotériologie chrétienne. Dans le contexte de la théologie systématique, le concept de solidarité revêt de l'importance dans la deuxième moitié du XXe siècle. À Vatican II, le magistère emploie la solidarité pour la première fois comme catégorie sotériologique[147], ce qui marquera un changement dans l'interprétation du salut: la pensée de la satisfaction de Dieu par la mort de Jésus sur la croix recule devant la solidarité de nouveau fondée par l'incarnation de Dieu.

---

141 Kä Mana, *Christ d'Afrique. Enjeux éthiques de la foi africaine en Jésus Christ*, Paris-Nairobi-Yaoundé-Lomé, 1994, 102.

142 Id., *Théologie africaine pour le temps de crise. Christianisme et reconstruction de l'Afrique*, Paris, 1993, 192.

143 Cf. P. Kalola, Bupe, « Sotériologie de la solidarité comme réponse chrétienne au défi de la violence religieuse », in : *Chemchem. Bulletin annuel des Instituts de Philosophie et de Théologie des Salésiens de don Bosco au Congo,* 15-16 (s.d), 141.

144 Cf. L. Debarge, « Solidarité », in: *Catholicisme. Hier, Aujourd'hui, demain.* Encyclopédie sous le patronage de l'Institut catholique de Lille par G. Mathon et G.-H. Baudry, 64 Sida-Solitude, Paris, Letouzey et Ané, 1994, 246-250 ; Cf. O. Kahola Tabu, *Ménages et pratiques de la solidarité à Lubumbashi. Transferts des parents, stratégies de cohésion et vie conjugale,* Bruxelles, inédit, 2012-2013.

145 O. Kahola Tabu, *Ménages et pratiques de la solidarité à Lubumbashi,* 38; d'après l'analyse d'Olivier Kahola Tabu, dans « le quotidien des lushois, le mot solidarité revêt plusieurs significations. Il laisse transparaître tantôt l'idée de gratuité, tantôt c'est la spontanéité d'aider les autres, tantôt encore c'est la capacité de consolider les liens de parenté ».

146 Cf. A. Kabasele Mukenge, *La Parole se fait chair et sang*, 127-140.

147 Cf. GS 32.2.5.

Jésus révèle et réalise d´une manière indépassable l´amour de Dieu et la solidarité avec les hommes et libère ceux-ci à une nouvelle solidarité et communion entre eux. La théologie postconciliaire considère la solidarité comme une catégorie d´interprétation sotériologique en suivant quatre orientations: dans la première orientation, la solidarité est un concept central sotériologique en concurrence avec le concept de la substitution[148]. Selon un certain nombre de théologiens, notamment Karl Barth, Hans Urs von Balthasar, Joseph Ratzinger (Benoit XVI), Wohlfahrt Pannenberg, etc., la substitution est « le nerf de toute la sotériologie chrétienne » ou « la clé de voûte de tout l´édifice sotériologique »[149]. D´autres théologiens par contre, en l´occurrence Karl Rahner, Eduard Schillebeeckx, Christian Duquoc, les

---

[148] Cf. Commission Théologique Internationale, « Questions choisies de christologie (1979) », in Id., *Textes et documents (1969-1985)*, Paris, 1988, 237-238. Dans ce document, on parle de deux pistes de recherche, afin de restaurer l´idée de l´échange sur laquelle la théologie d´Anselme n´avait pas insisté: certains théologiens mettent l´accent sur le concept de *solidarité*; d´autres soulignent le concept de *substitution*. Étant donné que la sous-commission était composée de défenseurs de l´idée de substitution, elle soutint que l´interprétation « de la Rédemption par la substitution peut être justifiée aux plans exégétique et dogmatique »; H. Kessler, « Christologie », in Schneider, Th., *Handbuch der Dogmatik, Band 1,* Düsseldorf, ²2002, 419; J. Knop, « Soteriologische Motive », in W. Beinert, & B. Stubenrauch, (Hrsg.), *Neues Lexikon der katholischen Dogmatik*, Freiburg im Breisgau, 2012, 595-601, 599.

[149] B. Sesboüé, *Jésus christ l´unique médiateur. Essai sur la rédemption et le salut, T.1 Problématique et relecture doctrinale*, (Coll. Jésus et Jésus Christ, 33), Paris, 1988, 357; Cf. J. Ratzinger, « Substitution », in H. Fries, *Encyclopédie de la foi, T. IV Rédemption-Virginité*, Paris, 1967, 267-277, 267:« L´idée de substitution appartient aux catégories fondamentales de la révélation »; J.-H. Tück, « Auf Seiten der Leidenden. Gethsemani, Golgotha und die Hoffnung auf Gerechtigkeit », in: Id. (Hrsg.), *Passion aus Liebe. Das Jesus-Buch des Papstes in der Diskussion*, Ostfildern, Grünewald, 2011, 234-261, 242: « Im Zentrum der soteriologischen Deutung des Todes Jesu steht zweifelsohne das Motiv der Stellvertretung » (au centre de la signification sotériologique de la mort de Jésus se trouve sans doute le motif de la substitution). Toutefois, Joseph Ratzinger, alias Benoît XVI, souligne aussi dans son livre christologique (*Jésus de Nazareth. T. 2: De l´entrée à Jérusalem à la Résurrection*, Éditions du Rocher 2011, 228) l´importance de la solidarité du Christ avec les victimes sans employer le terme solidarité: « En Jésus apparaît l´être humain en tant que tel. En lui est rendue visible la misère de tous ceux qui sont frappés et anéantis. Dans sa misère se reflète l´inhumanité du pouvoir humain qui écrase le faible »; « Depuis que Jésus s´est laissé frapper, toutes les personnes blessées et humiliées sont justement image du Dieu qui a voulu souffrir pour nous. Alors, au cœur de sa passion, Jésus est une image d´espérance: Dieu est du côté de ceux qui souffrent ».

théologiens de la libération, etc. mettent en avant la catégorie de la solidarité, qui remplace carrément celui de la substitution.

La deuxième orientation est prônée par Walter Kasper. Tout en se référant au triple sens du « pour nous »-à cause de nous, en notre faveur, à notre place-, il préfère retenir le concept de *substitution* (représentation), qui répugne à première vue à la pensée moderne, qu´il présente alors dans l´horizon moderne de la solidarité en l´analysant du point de vue anthropologique et théologique[150]. Ainsi, d´après lui, « L´avenir de la foi dépendra en grande partie de la manière, dont on réussira à concilier l´idée biblique de représentation et l´idée moderne de la solidarité »[151]. Toutefois, toutes les deux premières orientations se situent dans le modèle de la sotériologie classique qui conçoit le salut des hommes principalement comme pardon de leurs péchés.

Les deux dernières veulent dépasser un tel modèle. Elles soulignent la dimension communautaire du salut, en y intégrant d´une manière claire les victimes de l´histoire de l´humanité et de l´univers. La troisième orientation recourt à la catégorie de la solidarité comme complément de la catégorie sotériologique de la substitution. L´une et l´autre apparaissent « comme les deux foyers d´une même ellipse » [152] sotériologique. Tandis que la substitution souligne le salut des hommes par le pardon de leurs péchés, la solidarité met l´accent plutôt sur le salut des marginalisés, des victimes de l´histoire humaine. Dans une formule très simple, on dit: Le Christ se substitue aux pécheurs et se solidarise avec les victimes. Dans cette orientation, nous trouvons les noms de théologiens suivants: Jürgen

[150]Cf. W. Kasper, *Jésus le Christ*, 335 ; Institut Catholique de Paris, *De Jésus à Jésus, Tome II. Christ dans l´histoire*, Actes du colloque de Paris 24-25 mars 2011, Paris, 2011, 228.
[151] W. Kasper, *Jésus le Christ*, 335.
[152] B. Sesboüé, *Jésus Christ l´unique médiateur*, 357.

Moltmann[153], Jan-Heiner Tück[154], Ottmar Fuchs[155], Dirk Ansorge[156], Matthias Remenyi[157], etc.

La dernière, la quatrième bien sûr, qui a été initiée par Bernard Sesboüé et est la notre aussi, recommande de passer « de la substitution à la solidarité »[158]. Celle-ci devient un concept fondamental de la sotériologie chrétienne, et particulièrement la sotériologie chrétienne africaine. Ainsi, « il serait en tout cas erroné, dit Bernard Sesboüé, de résumer le rôle du Christ à notre égard dans le salut en disant tout simplement qu´il se substitue à nous devant Dieu »[159]. La substitution ne détient qu´un court moment de la médiation sotériologique du Christ, certes déterminant, mais transitoire et partiel: « dans le chemin de croix du Christ, un moment survient où le pas qu´il faut faire encore aucun homme n´est capable de le faire avec lui; il est alors notre représentant dans la solitude absolue et il

---

[153] Cf. J. Moltmann, « Chritus-Gottes Gerechtigkeit », in: *Stimmen der Zeit* 219 (2001)H. 8, 507-519; Id., « Jesus Christus. Gottes Gerechtigkeit in der Welt der Opfer und Täter », in: *theologie aktuell. Die Zeitschrift der Theologischen Kurse,* Heft 02/25 Jahrgang 2009/10, 5-18.

[154] Cf. J.-H. Tück, « Versöhnung zwischen Tätern und Opfern? Ein soteriologischer Versuch angesichts der Shoah », in: *Theologie und Glaube* 89 (1999), 364-381; Id., *Christologie und Theodizee bei Johann Baptist Metz. Ambivalenz der Neuzeit im Licht der Gottesfrage,* Paderborn, ²2001, 139-148; Id., « Inkarnierte Feindesliebe. Der Messias Israels und die Hoffnung auf Versöhnung », in: H. Hoping, & J.-H. Tück, (Hrsg.), *Streitfall Christologie. Vergewisserungen nach der Shoah* (Quaestiones Disputatae, 214), Freiburg im Breisgau, 2005, 216-258; Id., « In die Wahrheit kommen. Das Gericht Jesu Christi: Annäherungen an ein eschatologisches Motiv », in: Th Herkert, & M. Remenyi, (Hrsg.) *Zu den letzen Dingen. Neue Perspektiven der Eschatologie,* Darmstadt, 2009, 99-122; Id., « Unversöhnt in alle Ewigkeit? Hartmut Langes Novelle Das Konzert und die Hoffnung auf Versöhnung », in: W. Kardinal Kasper, & G. Augustin (Hrsg.), *Hoffnung auf das ewige Leben. Kraft zum Handeln heute,* Freiburg-Basel-Wien, Herder 2015, 141-165.

[155] O. Fuchs, « Unerhörte Klage über den Tod hinaus! Überlegungen zur Eschatologie der Klage », in: *Jahrbuch Biblischer Theologie, Bd. 16: Klage,* Neukirchen-Vluyn 2001, 347-379; Id., *Das Jüngste Gericht. Hoffnung auf Gerechtigkeit,* Regensburg, 2007.

[156] D. Ansorge, « Vergebung auf Kosten der Opfer? », in: *Salzburger Theologische Zeitschrift* 6 (2002), 36-68.

[157] Cf. M. Remenyi, « Ende gut - alles gut? Hoffnung auf Versöhnung in Gottes eschatologischer Zukunft », in: *Internationale Katholische Zeitschrift Communio* 32 (2003), 492-512; Id., *Um der Hoffnung Willen. Untersuchungen zur eschatologischen Theologie Jürgen Moltmanns,* Regensburg 2005.

[158] B. Sesboüé, *Jésus-Christ l´unique médiateur,* 357.

[159] *Ibid.,* 358.

agit réellement à notre place »[160]. C´est pourquoi Bernard Sesboüé se réfère à l´expression de *substitution initiatique* chère à Bernard Lauret[161]. Au fond, la catégorie même de substitution ne peut être conçue sans supposer l´idée de solidarité entre le substitut et celui auquel il substitue. Bernard Sesboüé place le concept de représentation comme „un intermédiaire souvent ambigu, entre substitution et solidarité"[162]. La représentation au vrai sens du mot ne peut être considérée comme le remplacement. Le remplaçant rend superflu celui qu´il remplace, au contraire le représentant prépare et ouvre un lieu libre, puis il se retire. La représentation n´ôte rien à l´autre. La solidarité exige la volonté d´accorder à l´individu son lieu propre, et même la volonté de lui assurer protection et défense, elle espère d´ailleurs également que l´individu s´engage de la même façon pour les autres[163]. Dans le cas du Christ, il y a un passage d´un catéchiste africain, cité aussi bien par Bernard Lauret que par Bernard Sesboüé, car il est formulé correctement et simplement. Nous ne pouvons nous empêcher de le reprendre ici: « Je peux suivre Jésus, dit ce catéchiste, marcher sur le même chemin que lui, dans l´abaissement, parce que d´abord il s´est mis à ma place pour m´ouvrir le chemin »[164]. La relation entre substitution et solidarité se fonde toujours sur l´idée de l´admirable échange (*admirabile commercium*). La mission de Jésus ne consiste pas uniquement à prendre part à notre destin comme un homme parmi les hommes. Aussi intéressante qu´elle soit, une telle solidarité pourrait ne rien transformer de notre condition de misère. En fin de compte, il ne ferait qu´un autre malheureux. Mais le Christ porte sur lui la solidarité de nos souffrances et

---

[160] J. Roldanus, *Le Christ et l´homme dans la théologie d´Athanase d´Alexandrie. Étude de la conjonction de sa conception de l´homme avec sa christologie*, Leiden, E.J. Brill, 1977, 175.

[161] Cf. B. Lauret, « Christologie dogmatique », in: B. Lauret, & F. Refoulé, *Initiation à la pratique de la théologie. Tome II. Dogmatique I*, Paris, 1982, 272.

[162] B. Sesboüé, *Jésus-Christ l´unique médiateur, 358.*

[163] W. Kasper, *Jésus le Christ*, Paris, 2010, 336.

[164] *L´Evangile de Jésus-Christ,* Yaoundé, 1972, 84, cité par B. Lauret, « Christologie dogmatique », 272; B. Sesboüé, *Jésus-Christ l´unique médiateur,* 360.

de notre destin marqué par le péché, afin de renverser en solidarité de justice et de bonheur et de nous communiquer le bienfait de sa solidarité divine.

La sotériologie contemporaine ne peut que mettre désormais l´accent sur la solidarité que le Christ a instaurée entre lui et les hommes, et attribue un caractère transitoire à la substitution au cours de la large dynamique, qui caractérise le mystère du salut du Christ. C´est à partir de cette solidarité qu´elle s´efforce à comprendre l´universalité du mystère de la rédemption du Christ. Ce faisant, elle corrige le regard portée sur nombre des textes de l´écriture, en montrant que ceux-ci, souvent évoqués pour étayer la solidité de l´encrage biblique de l´idée de la substitution, concernent plus profondément la solidarité (Is 52, 13-53, 12; Rm 5, 12-21; 1Co 8, 9; 1Co 15, 21-22; 2 Co 5, 14. 21;Ph 2, 6-7; Ga 3, 13; Col 1, 18; 2, 19; 3, 15; Eph 1, 23; 5, 23-30; He 2, 17; cf. 4, 15; 5,2)[165] et en même temps, elle emboîte le pas aux anciens Pères qui dans leurs argumentations sotériologiques avaient invoqué le double principe de la solidarité divine et de la solidarité humaine du Christ[166].

Ainsi, la sotériologie de la solidarité apparaît comme le paradigme sotériologique intégral qui montre le Christ comme celui qui se solidarise aussi bien avec les bourreaux, les coupables, les pécheurs qu´avec les pauvres, les exclus, les humiliés, les victimes de l´histoire humaine et de l´univers, qui ne doivent pas être « classées de façon définitive comme déchet de l´histoire »[167]. Une solidarité qui ignorerait les victimes de l´histoire humaine et du monde serait jugée non seulement abstraite, mais surtout non exhaustive et finalement cynique.

---

[165] W. Kasper, *Jésus le Christ*, 323-327; B. Sesboüé, *Jésus-Christ l´unique médiateur*, 369-371.

[166]Cf. B. Sesboüé, *Jésus-Christ l´unique médiateur, 370-371;* J. Roldanus, *Le christ et l´homme dans la théologie*, 175: « Une question se pose encore: peut-on parler ici d´une mort substitutive du Christ? Si l´on se place sous l´angle du dilemme: substitution ou solidarité? - Il faut, pour être fidèle à la pensée d´Athanase, choisir la solidarité ».

[167] W. Kasper, *Jésus le Christ*, 339.

5. Les dimensions ecclésiologique et cosmique de la christologie africaine

5.1. La dimension ecclésiologique de la christologie africaine

La profession de Jésus comme Fils de Dieu a toujours son pendant ecclésiologique. Si Jésus définit sa relation personnelle à Dieu comme une filiation unique, il reconnaît pourtant aux disciples le droit d´être appelés « fils ou enfants de Dieu » et à Dieu d´être appelé « leur Père » (cf. Mt 5, 9.16.45.48 ; 6, 1.4.9.14 ; 7, 11 ; 23, 9 ; Jn 1, 12 ; 20, 17). Les autres écrits néotestamentaires présentent Jésus comme « Premier-Né d´entre les morts » (Col 1, 18) et « Premier-Né d´une multitude des frères » (Rm 8, 29). C´est dans la foi en Christ Jésus que les disciples sont devenus fils de Dieu (Ga 3, 26) ; c´est l´Esprit du Fils de Dieu, qui fait d´eux des fils de Dieu (Ga 4, 4-6 ; Rm 8, 14). La filiation singulière et incomparable de Jésus Christ est le fondement de la filiation et de la fraternité des chrétiens.

La christologie africaine met un accent particulier sur la dimension ecclésiologique de la christologie. Elle comprend le statut du Christ par rapport aux chrétiens et les autres hommes à la lumière du concept d´aîné dans les sociétés africaines. Ce concept suppose l´idée d´antériorité et de proximité à la source de vie. C´est pourquoi, pour certains peuples, l´aîné par excellence est Dieu lui-même, qui est la source de toute vie[168]. L´importance de l´aîné ne se réduit pas à la famille nucléaire, mais s´étend au clan et à la tribu. Selon certaines tribus africaines, « les fils du frère aîné restent aînés par rapport aux fils du cadet ; même si ceux-ci ont vu le jour avant ceux-là, le lignage issu de l´aîné se situera toujours "en amont" »[169]. A l´absence de ses pères, l´aîné occupe la première place et reçoit le droit, en

[168] Cf. F. Kabasele, « Le Christ comme ancêtre et aîné », in: F. Kabasele, J. Doré, et R. Luneau, *Chemins de la christologie africaine*, 137: « Le nom même de Dieu dans la langue luba est significatif à ce sujet : "*Mvidi-Mukulu*", littéralement "Mvidi-Aîné" ».
[169] Id., « Le Christ comme ancêtre et aîné », 136.

l´occurrence, de préséance dans tout ce qui se fera dans la communauté. Il a aussi des devoirs particuliers d´être modèle et responsable sur les cadets.

A en croire Buetubela Balembo, le concept d´aîné nous permet de bien approfondir la relation de filiation et celle de fraternité en Jésus Christ[170]. Celui-ci « est dit Ainé au double titre de Fils Premier-né du Père et de Frère Ainé d´une multitude »[171]des sœurs et frères cadets. Jésus-Christ est le Fils Aîné, parce qu´il est de la *lignée éternelle* du Père. Il s´agit « d´une *filiation unique* » concernant la deuxième Personne au sein de la vie divine trinitaire. À cet effet, « par rapport aux hommes, ce Fils Ainé du Père, appartenant au rang d´aîné, est le Frère-Aîné, de tous les hommes, qui eux, appartiennent au "lignage des cadets" »[172]. En résumé, si « ce titre nous indique d´abord la *filiation*, c´est pour comprendre que par cette filiation unique de Jésus-Christ, tous les hommes deviennent *fils cadets, fils de Dieu par adoption*. Ensuite, parce que fils d´un même Père, ils sont tous frères et sœurs, et appelés à manifester la fraternité dont Jésus-Christ, par son amour exemplaire, est le modèle et l´exigence. Enfin, *filiation* et *fraternité* ouvrent à une compréhension de l´Eglise, telle que la proposent les théologiens et pasteurs africains avec le concept de l´*Eglise-Famille de Dieu* »[173]. Il s´avère que le rapport de fraternité présuppose celui de filiation, car on est d´abord fils ou fille avant d´être ensuite frère ou sœur. « La verticalité de la chaîne générationnelle commande l´horizontalité des rapports fraternels »[174]. En conséquence, c´est de la paternité de Dieu, et grâce à notre filiation participative par adoption à la filiation unique de Jésus Christ, que nous formons une grande famille de Dieu[175].

---

[170] Cf. Buetubela Balembo, « Aux sources de l´Église-Famille de Dieu. La fraternité en Jésus Christ, premier-né (Rm 8, 29) », in : *Telema* 1-2 (1997), 69-75.
[171] E. Kaobo Sumaidi, *Christologie africaine,* 314.
[172] F. Kabasele, « Le Christ comme ancêtre et aîné », 134.
[173] E. Kaobo Sumaidi, *Christologie africaine,* 119.
[174] Appiah-Kubi, *L´Eglise, famille de Dieu. Un chemin pour les Églises d´Afrique*, Paris, 2008, 14.
[175] Cf. *Ibid.*

5.2. La dimension cosmique de la christologie africaine

Afin de faire face de façon pertinente à la crise écologique en Afrique, « qui est une des principales victimes de la criminalité écologique »[176], l´un des enjeux urgents de la christologie africaine est de valoriser la dimension cosmique longtemps ignorée et négligée dans la théologie africaine, en insistant sur la relation étroite entre le mystère de salut du Christ et toute la création. Dieu a créé toutes les créatures par la médiation de *son Fils* ; c´est aussi par sa médiation qu´il a réalisé son salut et qu´il conduira toutes choses vers l´accomplissement eschatologique. Saint Paul dit à ce propos que « la création aspire de toutes ses forces à voir cette *révélation des fils de Dieu*. Car la création a été livrée au pouvoir du néant, non parce qu´elle l´a voulu, mais à cause de celui qui l´a livrée à ce pouvoir. Pourtant, elle a gardée l´espérance d´être, elle aussi, libérée de l´esclavage, de la dégradation inévitable, pour connaître la liberté, la gloire des *enfants de Dieu*. Nous le savons bien, la création tout entière crie sa souffrance, elle passe par les douleurs d´un enfantement qui dure encore… » (Rm 8, 18-25). Ainsi, Il s´avère que l´avenir de toute la création est fondé et intégré dans la filiation de Jésus Christ.

5.2.1. Le tournant christologique écologique de la Lettre Encyclique Laudato Si du Pape François

Dans sa célèbre Lettre Encyclique sur l´écologie *Laudato Si*, le pape François trace le cadre et donne l´ossature de la dimension cosmique de la christologie. Il trouve d´abord ses repères dans la vie terrestre de Jésus lui-même. Celui-ci s´inscrit dans la foi biblique au Dieu créateur, à qui il

---

[176] P. Nsanguluja Cisungu, « L´Afrique noire face à la crise écologique. Pour une gestion équilibrée de la nature », in : *Cahiers des Religions Africaines*, Nouvelle série. Volume 1, n. 1 (Avril 2020), 89-110.

reconnaît *la paternité* (Mt 11, 25). Dans ses entretiens avec ses disciples, Jésus étendait la *paternité de Dieu à toutes les créatures*, pensée déjà présente dans diverses traditions religieuses africaines, tout en leur rappelant avec une émouvante tendresse que Dieu n´accorde pas moins une valeur inestimable à chaque créature, même à la plus infime possible, lui donnant ipso facto le droit propre à la vie: « Regardez les oiseaux du ciel : ils ne sèment ni ne moissonnent ni ne recueillent en des greniers, et votre Père céleste les nourrit » (Mt 6, 26). « Ne vend-on pas cinq passereaux pour deux as ? Et pas un d´entre eux n´est en oubli devant Dieu » (Lc 12, 6). Comme Jésus parcourait les coins et les recoins de son milieu ambiant, qui lui a permis d´être sans cesse en contact avec la nature et de développer une attention particulière caractérisée par l´affection et la stupéfaction, il prenait le temps d´admirer la beauté inscrite par son Père dans le monde. Il exhortait ses disciples non seulement à contempler la beauté du monde : « Levez les yeux et regardez les champs, ils sont blancs pour la moisson » (Jn 4, 35), mais aussi à déchiffrer dans les choses un message divin : « Le Royaume des cieux est semblable à un grain de sénevé qu´un homme a pris et semé dans son champ. C´est bien la plus petite de toutes les graines, mais quand il a poussé, c´est la plus grande des plantes potagères, qui devient même un arbre » (Mt 13, 31-32). Il est remarquable également que, dans sa vie, Jésus a passé plus d´années à travailler de ses mains la matière créée par Dieu, afin de lui donner une meilleure forme avec son talent de charpentier. De ce fait, il a sanctifié le travail en lui conférant un prix spécial pour notre mûrissement. Jésus communiait harmonieusement avec la création, à tel point qu´il suscitait tant de fascination d´autres personnes : « Quel est donc celui-ci pour que même la mer et les vents lui obéissent ? » (Mt 8, 27)[177].

---

[177] Cf. François, Lettre Encyclique *Laudato Si. Sur la sauvegarde de la maison commune*, Vatican, 2015, n° 96-98.

Ensuite, le pape François souligne que le Nouveau Testament ne s´intéresse pas seulement au Jésus terrestre et à son rapport concret et positif au monde, mais aussi au Christ ressuscité et glorieux, présent dans toutes les créatures par sa Seigneurie : « Dieu s´est plu à faire habiter en lui toute plénitude et par lui à réconcilier tous les êtres pour lui, aussi bien sur la terre que dans les cieux, en faisant la paix par le sang de sa croix » (Col 1, 19-20). Il s´agit ainsi d´une dimension cosmique de la christologie à base de la mort et de la résurrection du Fils de Dieu dont « la puissance rédemptrice ne saisit pas seulement les hommes dans leurs sentiments et moralité, mais la nature toute entière »[178]. Cela veut dire que la christologie dans sa dimension cosmique doit « confronter le Christ Sauveur à une nature que les hommes précipitent dans le chaos, infectent de déchets toxiques et condamnent à la mort universelle »[179]. En subissant la mort des hommes sur la croix, le Christ n´est pas mort uniquement pour les hommes en vue de leur apporter la réconciliation et la paix, mais aussi pour toutes les créatures, étendant son salut à toute la création. Le Christ est mort en solidarité avec tous ceux qui sont victimes de la violence humaine, mettant en péril le destin autant de l´humanité que de l´univers entier.

Enfin, le pape François évoque les deux hymnes christologiques à forte dimension cosmique : l´hymne christologique dans la lettre de Paul aux Colossiens (1, 15-20) et l´hymne au Logos de l´Évangile de Jean, appelée communément Prologue (1, 1-18). Tandis que dans l´hymne christologique aux Colossiens, « le destin de toute la création passe par le mystère du Christ qui est présent depuis l´origine de toutes choses : "tout est créé par lui et pour lui" (Col 1, 16)»[180], l´hymne au Logos de Jean indique la médiation créatrice du Christ en tant que Parole divine (*Logos*). Toutefois, le plus fascinant dans cette hymne est l´affirmation selon laquelle cette

---

[178]J. Moltmann, *Jésus le Messie de Dieu*, Paris, 1993, 378.
[179] *Ibid.*, 375.
[180] François, Lettre Encyclique *Laudato Si*, n° 99.

Parole « s´est faite chair et elle a habité parmi nous » (Jn 1, 14). Le Fils de Dieu s´est incorporé dans le monde créé en y associant son destin jusqu´à mourir crucifié[181]. En somme, dès « le commencement du monde, mais de manière particulière depuis l´incarnation, le mystère du Christ opère secrètement dans l´ensemble de la réalité naturelle, sans pour autant en affecter l´autonomie »[182].

5.2.2. L´enjeu écologique ou cosmique de la christologie africaine

De ce fait, la christologie africaine doit, comme l´exigeait déjà Matthew Fox[183], accélérer le changement du paradigme anthropologique, voire anthropocentrique en paradigme cosmique ou écologique. Il est question d´envisager ce changement de paradigme selon deux points de vue différents : le premier est le point de vue anthropologique, qui prend en considération les « religions traditionnelles africaines qui enseignent que l'homme est microcosme au sein du macrocosme et que dans son cheminement vers la plénitude de vie c´est tout l´univers qui s´affranchit, s´unifie, se personnalise et s´accomplit »[184]. Il est précisément question d´«une écologie holistique qui insiste sur l´interaction de tous les aspects de la vie humaine, pour le bien-être de tous. Dans cette perspective, le souci écologique inclut la lutte contre la misère et le combat pour l´amélioration des conditions de vie »[185]. En ce sens, on doit éviter, nous prévient Jean-Marc Ela, que « le salut de Dieu soit annoncé à l´être humain comme si son sort n´était pas lié à celui de la terre où l´existence s´enracine »[186].

---

[181] Cf. *Ibid.*
[182] *Ibid.*
[183] Cf. M. Fox, *The coming of cosmic Christ*, San Francisco, 1988.
[184] L. Santedi Kinkupu, «Editorial. Pour une nouvelle sagesse d'habiter le monde », in : *Revue Africaine de Théologie, écologie et théologie africaine,* 25 (2004), 169.
[185] *Ibid.*, 167.
[186] J.-M. Ela, *Repenser la théologie africaine. Le Dieu qui libère*, Paris, 2003, 126-127.

Du second point de vue, théologique cette fois-ci, l´enjeu est de promouvoir « la réintégration de la figure du Christ dans une vision cosmologique »[187]. Croire en Jésus le Fils de Dieu, c´est le confesser aussi bien comme Sauveur de l´humanité que comme Sauveur du cosmos dans son intégralité[188]. Confesser Jésus comme Fils de Dieu, c´est le reconnaître comme la nouvelle Sagesse qui apprend aux chrétiens « un nouvel art d´habiter le monde »[189]. Ainsi, d´après Benjamin Kokou Akotia, le culte est l´art d´habiter le monde. Il « est peut-être l´acte des plus écologiques ; car, c´est en raison du fait que la nature lui sert de maison que l´homme rend culte »[190]à Dieu.

---

[187] R. Pannikar, *Une Christophanie pour notre temps*, Arles, 2001, 12.
[188]Cf. F. Euvé, s.j. «Découvrir la dimension cosmique du Christ », in : *Revue internationale de théologie et de spiritualité*, 3 (2008), 51-65.
[189] L. Santedi Kinkupu, «Editorial… », 168.
[190] B. Kokou Akotia, « Pourquoi les peuples d´Afrique connaissent Dieu sans lui rendre un culte ? Les enjeux du culte africain », in : *Cahiers des Religions Africaines*, Nouvelle série. Volume 1, n. 1 (Avril 2020), 39-56, 55.

6. La dimension eschatologique de la christologie africaine

La dernière dimension de la christologie africaine, c´est-à-dire la dimension eschatologique, n´est pas à considérer comme la moins importante de toutes, mais elle est plutôt l´une de celles qui confèrent à la christologie, particulièrement celle africaine, non seulement le caractère unique et définitif, mais surtout une portée universelle et une légitimité d´évangélisation ou de nouvelle évangélisation de tous les peuples et de toutes les cultures. Le contenu eschatologique doit être interprété dans un sens résolument personnel, mais non pas temporel, objectif et local. C´est simplement « la présence du Christ qui confère à l´événement la qualité eschatologique »[191]. Autrement dit, l´«*eschaton* est donc ce qui s´est déjà passé en Christ, ce qui indique le chemin d´un monde nouveau »[192]. La lettre aux Hébreux présente deux passages dont le sens est que la descente du Fils de Dieu dans le monde n´inaugure pas le dernier épisode du temps, mais détermine le temps de la fin. Les deux textes mentionnent le trait spécifique fondamental et total de la présence du Fils de Dieu. D´après Hébreux 1, 2 : « Dieu, en *ces jours qui sont les derniers*, nous a parlé par un Fils ». Hébreux 9, 26 dit : « ...c´est maintenant, une fois pour toutes, *à la fin des siècles*, qu´il s´est manifesté pour abolir le péché par son sacrifice ». Dans un autre passage non négligeable se trouvant dans la première lettre de Pierre (1, 20), il est indiqué que le Christ a été « discerné avant la fondation du monde et manifesté dans *les derniers temps* à cause de vous ». Dans la période patristique, d´aucuns Pères et théologiens, notamment Irénée et Origène, ont désigné Jésus Christ comme le Dernier, *ho Eschatos.* Ainsi, Jésus le Fils de Dieu signifie la fin en personne, car il réalise concrètement la finalité eschatologique de Dieu. Voilà toutes les raisons qui ont motivé Karl

---

[191] P. Wells, « Jésus-Christ et l´eschatologie », in : *Revue réformée* T. LVII, 2(Mars 2006), consulté sur http://larevuereformee.net en date du 8 Août 2020.
[192] *Ibid. ; cf.* Berkouwer, *The return of the Christ*, Grand Rapids, 1972, 217.

Barth à s´exprimer d´une façon tranchée en ces termes : « Un christianisme qui n´est pas rigoureusement et absolument eschatologique, n´a rigoureusement et absolument rien de commun avec le *Christ* »[193].

A en croire Paul Wells, il y a « un triptyque eschatologique »[194] dont chacun de trois volets a un trait singulier : Chacune de trois stations du mystère de Jésus-Christ « – *l´incarnation* et la crucifixion, la *résurrection*, l´ascension et l´envoi de l´Esprit, son *retour* et l´état final – est caractérisée par la présence du Seigneur et donc par celle de son royaume »[195]. Tout d´abord, « l´incarnation de Jésus *est l´événement eschatologique* par excellence »[196]. Elle est l´événement qui indique irruption du jour eschatologique par la naissance de Jésus-Emmanuel inaugurant une nouvelle ère. De ce fait, l´incarnation du Fils de Dieu dans ce monde ne peut être que « le point culminant des *magnalia Dei*. Tout ce qui se passera à la fin s´est passé en lui »[197]. Dans le ministère de Jésus (message, miracles, exorcismes), la venue du royaume de Dieu est liée à sa personne, ce qui donne à son message un caractère eschatologique. Aussi Origène a-t-il pu l´appeler *l´autobasileia*[198], le royaume de Dieu en personne. « Il est impossible, écrit W. Kasper, de séparer en Jésus de Nazareth sa personne et son affaire; il est son affaire en personne. Il est la réalisation concrète et la forme personnelle de la venue du royaume de Dieu »[199]. Dans le discours apocalyptique de Jésus avant sa passion, transmis par tous les évangiles synoptiques, les faits tout autour de la crucifixion apparaissent comme des signes qui définissent la fin. En Jean 19, 30, Jésus résume tout l´événement de la croix en disant : « Tout est achevé » ou « Tout est accompli ». Ceci veut dire qu´avec l´élévation de Jésus sur la croix, le jugement du monde est

---

[193] K. Barth, *L´épître aux Romains*, Montreux, 1972.
[194] P. Wells, « Jésus-Christ et l´eschatologie ».
[195] *Ibid.*
[196] *Ibid.*
[197] *Ibid.*
[198] Origène, *In Mt*, t. XIV, 7 (sur Mt 18, 23), in *PG* 13, t. III, col. 1197.
[199] W. Kasper, *Jésus Christ*, 146.

intervenu (12, 31) et la fin est survenue. « La mort de Jésus sur la croix est la dernière élucidation de ce qui était sa seule préoccupation : la venue du Royaume de Dieu eschatologique »[200].

De plus, il sied de rappeler que la croix du Christ conduit à sa résurrection. Ses disciples qui ne s´attendaient qu´à la résurrection générale à la fin des temps sont surpris que Jésus soit ressuscité seul et se rendent finalement compte que « si Jésus est ressuscité, c´est déjà la fin du monde »[201]. Il s´avère que la résurrection de Jésus-Christ appartient au processus de la fin du monde, déjà inaugurée, d´autant plus que Jésus-Christ n´a été ressuscité que comme étant « prémisses de ceux qui se sont endormis » (1Co 15, 20). Pour ainsi dire, « la résurrection de Jésus fait partie de la résurrection générale et la résurrection finale est la raison pour laquelle Dieu a ressuscité Christ (sic) »[202]. Rudolf Schnackenburg évoque le texte complexe de l´Évangile de Marc (14, 62) où il apparaît un lien entre l´exaltation de Jésus et sa venue glorieuse sur les nuées du ciel. De même Luc, dans le récit de l´ascension de son livre des Actes des Apôtres (1, 11), établit cette relation entre l´ascension et la venue glorieuse du Christ dans ce que les hommes vêtus de blanc disent : « Hommes de Galilée, pourquoi restez-vous ainsi à regarder le ciel ? Ce Jésus qui, d´auprès de vous, a été enlevé au ciel viendra comme cela, de la même manière que vous l´avez vu s´en aller vers le ciel ». Rudolf Schnackenburg atteste que ce rapport entre l´ascension et la parousie relève de « la plus ancienne conception de l´Eglise primitive qui nous soit accessible concernant la situation et la fonction du ressuscité »[203]. Il est certain qu´il « n´y a jamais eu de foi à une parousie de

---

[200] *Ibid.*, 177.

[201] W. Pannenberg, *Esquisse d´une christologie*, trad. française, Paris, 1971, 73.

[202] P. Wells, « La chaîne d´or de l´eschatologie biblique », in : *La Revue réformée*, T. LIV, n° 224 -4(Septembre 2003), consulté sur http://larevuereformee.net en date du 10 Août 2020.

[203] R. Schnackenburg, « La christologie du Nouveau Testament », In : *Mysterium Salutis. Dogmatique de l´histoire du salut*, t. 10, *La christologie dans le Nouveau Testament et le dogme*, par R. Schnackenburg, & P. Smulders, Paris, 1974, 54.

Jésus sans exaltation ; mais il n´y a jamais eu non plus de foi à une simple exaltation, on a toujours attendu aussi la parousie de celui que Dieu avait exalté »[204]. Cette conviction se trouve dans le « maranatha » et l´attente de la parousie chez l´apôtre Paul. De plus, l´attente de la venue du Seigneur exalté dans la communauté primitive est le présupposé de l´usage dans la première communauté primitive de l´idée apocalyptique du Fils de l´homme. « Avec la résurrection et l´ascension de Jésus la fin des temps est arrivée : telle fut la conviction des apôtres »[205]. Dans les Actes des Apôtres (2, 14-21), l´apôtre Pierre éclaire la signification de la Pentecôte comme la réalisation de la prophétie eschatologique du prophète Joël. Il interprète que la Pentecôte est un événement eschatologique.

Enfin, c´est la personne concrète de Jésus Christ, siégeant à la droite de son Père, qui « reviendra en gloire juger les vivants et les morts et son règne n´aura pas de fin » (DH 150). L´accomplissement eschatologique du monde a un nom : *Jésus-Christ le Fils de Dieu*. Son jugement n´est nullement comparable aux jugements des tribunaux des sociétés humaines. « Car le Juge ne sera nul autre que Jésus Christ lui-même, le crucifié ressuscité, qui dans sa vie et sa mort est allé jusqu´au bout chercher ce qui était perdu afin de le sauver »[206]. Dans sa révélation de la vérité eschatologique de l´histoire, le juge soutient les humiliés, notamment les humiliés de l´Afrique ensanglantée durant plusieurs siècles, à dépasser leur honte, à redécouvrir leur dignité de vie et par là à avoir l´occasion de pardonner aux bourreaux, afin d´atteindre l´accomplissement de leur vie. De même, il se met du côté du coupable, pour lui permettre de se distancer de sa faute, de regretter son acte et ainsi, d´atteindre la vie en plénitude. « L´identification du Christ avec tous permet d´espérer que le jugement est guidé par un amour de la

---

[204] *Ibid.*
[205] B. Sesboüé, *Le Christ hier, aujourd´hui et demain*, Paris, 2004, 36.
[206] Cf. J.-H. Tück, « Juge et sauveur: une approche eschatologique », in: *Communio* (F), 5 (2009), 7-18, 10.

justice, qui rendra justice à chacun »[207]. Ainsi, il ne peut y avoir d´accomplissement sans que chacun soit confronté à la vérité de sa vie et de son histoire.

Mais que peut-on comprendre ici par vérité? Pour l´éclairer, nous suivons la voie de l´analyse de Jan-Heiner Tück. Selon lui, ce mot grec pour la vérité, *aletheia,* donne deux indications, qui peuvent être prises de manière productive pour l´interprétation de l´événement de jugement eschatologique. D´un côté, il se réfère à Heidegger, pour qui le concept de vérité n´a de sens authentique que s´il renvoie au terme grec *a-letheia* dans le sens de non-voilement, no-latence, et donc dévoilement. Est vrai, *alethes,* ce qui est non-voilé, manifeste, révélé, tiré au clair, éclairci, ce qui est sorti des ténèbres à la lumière. Il donne le cas illustratif de Paul qui parle de la venue du Seigneur, qui « mettra en lumière ce qui est caché dans les ténèbres et qui manifestera les desseins des cœurs. Alors chacun recevra de Dieu la louange qui lui sera due » (1Co 4, 5). De l´autre, l´*aletheia* signifie ce qui est sorti de ténèbres de l´oubli. À la fin du pèlerinage des hommes, on ne rencontrera pas *Léthé,* le fleuve mythique de l´oubli, dans lequel seraient englouties les vicissitudes de l´histoire dramatique de souffrances, d´humiliations, de culpabilité et de péchés des hommes, mais Dieu lui-même, qui ne peut rien oublier[208]. La complexité du jugement dépend de la complexité des vies et des histoires de la plupart des êtres humains. Il est difficile de distinguer parmi eux, ceux qui sont bons et ceux qui sont méchants, puisque dans la vie quotidienne, la bonté et la méchanceté imprègnent le cœur de chaque individu. « Beaucoup d´entre nous, dit Ottmar Fuchs, seront tour à tour une fois d´un côté, puis de l´autre, une fois comme victimes, puis de nouveau comme coupables, une fois comme bons, puis encore comme mauvais. Mais il y aura aussi des hommes, qui seront

---

[207] *Ibid.*
[208] *Ibid.*, 15.

presqu´uniquement sur le côté des victimes ou sur le côté des coupables »[209].

L´espérance pour le salut éternel des bourreaux et des coupables va de pair avec l´espérance pour le salut des humiliés, des marginalisés et des victimes. Ainsi, la réconciliation des bourreaux avec Dieu ne doit jamais se passer au détriment des victimes qui attendent que Dieu leur rende justice et leur permette de pardonner aux bourreaux. Pourtant dans la religiosité chrétienne actuelle prime « une banalisation effrayante de l´image de Dieu. On a laissé de côté le thème du jugement, qui dérange, déclaré dépassée l´idée de l´enfer et démasqué la colère de Dieu comme anthropomorphisme. Dans le message pastoral a dominé et domine encore jusqu´à aujourd'hui l´image d´un Dieu aimant et toujours indulgent, qui pardonne tout à tous et qui n´interpelle plus un christianisme bourgeois et satisfait mais le conforte plutôt. On a oublié que justement le message d´un Dieu qui est amour ne peut rester indifférent devant l´injustice déshumanisante »[210]. Ceux qui ouvrent grandement les portes du ciel à tous les hommes sans conditions encourage un laxisme éthique et justifie, par-delà le pécheur, d´une manière ou d´ une autre le péché lui-même. « La grâce à bon marché, dit Dietrich Bonhoeffer, signifie justification du péché et non du pécheur...La grâce à bon marché, c´est la prédication du pardon sans repentance...c´est l´absolution sans confession personnelle. La grâce à bon marché, c´est la grâce sans la marche à la suite du Christ»[211].

La possibilité d´un refus définitif n´est pas à exclure, bien que Dieu soit impatient d´entendre le oui libre de l´homme à son offre de réconciliation. Ici, il ne faut nullement penser à une réconciliation qui se ferait automatiquement. Le plus important est de réhabiliter la subjectivité et la dignité de victimes pour les faire participer pleinement à l´événement

---

209 O. Fuchs, *Das Jüngste Gericht. Hoffnung auf Gerechtigkeit*, Regensburg, 2009², 114.
210 J.-H. Tück, « Juge et sauveur », 9.
211 D. Bonhoeffer, *Vivre en disciple: le prix de la grâce*, Labor et Fides, 2009, 23.

de l´accomplissement eschatologique. « Du fait que Dieu les appelle par leurs noms (Cf. Is 43, 1), les victimes deviennent ce que leurs bourreaux ont nié de leur vie: être des sujets libres. Et les sujets ne sont plus de purs spectateurs non participants dans un tribunal, qui concernerait exclusivement Dieu et leurs bourreaux. Rétablies de nouveau dans leur subjectivité par Dieu, les victimes prennent beaucoup plus au sérieux leur devoir irremplaçable dans l´événement de réconciliation »[212].

À la fin des temps, « lorsque toutes choses lui auront été soumises, alors *le Fils* lui-même sera soumis à celui qui lui a soumis toutes choses, afin que Dieu soit tout en tous » (1Co 15, 28).

---

[212] D. Ansorge, « Vergebung auf Kosten der Opfer ? », in: *Salzburger Theologische Zeitschrift* 6 (2002), 36-68, 57.

Conclusion

Au terme de notre étude, il apparaît combien le titre de Fils de Dieu attribué à Jésus Christ est au carrefour de la foi christologique et des structures de parenté de différentes cultures dans le monde, particulièrement des structures de parenté africaines. S´agissant de la foi christologique, il a été suffisamment montré autant par les exégètes que par les théologiens, dans une approche diachronique, que le haut-titre christologique de « Fils de Dieu » est d´une densité christologique suprême et constitue la pièce-maitresse de toute la christologie systématique. Du côté africain, il est surprenant de constater que les théologiens africains ont préféré au concept « fils » ceux d´ «ancêtre», de « maître d´initiation », de « guérisseur », de « roi (chef) », etc., alors que celui de « fils » avait deux atouts majeurs : il était autant solidement ancré dans toutes les traditions africaines, quelle que fût la conception de la relation entre un père et un fils dans chacune de ces traditions, que d´une portée christologique capitale. Une christologie africaine à partir du haut-titre christologique de Fils de Dieu aurait pu assurer le fondement christologique adéquat à l´ecclésiologie chère aux églises africaines dont le concept-clé est l´*Eglise-Famille de Dieu*. Une telle proposition christologique se fera-t-elle encore longtemps attendre ?

C´est pour ne pas faire perdurer cette attente que nous avons osé montrer, dans une approche synchronique, à l´instar de Ruben Zimmermann, combien le titre christologique du « Fils de Dieu » serait une plaque tournante ou mieux une « toile structurante » de toute la christologie systématique africaine, mettant en évidence une pluri-dimension anthropologique, historique, théologique, sotériologique, ecclésiologique, cosmique et eschatologique. Quitte à chaque théologien qui s´adonnerait à cette tâche d´élaboration de la christologie africaine de présenter « une polyphonie christologique systématique » digne de structurer toutes ces dimensions, de répondre aux défis actuels et de correspondre aux enjeux africains de l´heure. Ainsi donc, la christologie africaine avancerait d´un pas de titan dans la direction voulue.

Bibliographie

- Aletti, J.-N., *Jésus, une vie à raconter. Essai sur le genre littéraire des évangiles de Matthieu, de Marc et de Luc*, Lessuis, 2016.
- Alviar, J.-J., « Anthropological foundations of African Christology », in *African Christian Studies* 1(1997), 19-27.
- Ansorge, D., « Vergebung auf Kosten der Opfer ? », in: *Salzburger Theologische Zeitschrift* 6 (2002), 36-68.
- Anzian, P., *Théologie trinitaire en instance africaine Tome 2. Le Kambonou comme rationalité africaine à la compréhension de Dieu-Trinité*, Paris, 2019.
- Appiah-Kubi, *L´Eglise, famille de Dieu. Un chemin pour les Églises d´Afrique*, Paris, 2008.
- Ardusso, F., *Gesù Cristo. Figlio del Dio vivente*, San Paolo Editrice, 2006 *;*
- Bakole wa Ilunga, *Chemins de libération*, Kananga, 1991.
- Barbaglio, *Gesù ebreo di Galileo. Indagine storica*, Bologna, 2002.
- Barth, K., *L´épître aux Romains*, Montreux, 1972.
- Baudry, G.-H., *Les symboles du christianisme ancien I^e^-VIIe siécle*, Cerf, 2009, 44-46;
- Bede Ukwije, *Trinité et inculturation*, Paris, 2008.
- Berkouwer, *The return of the Christ*, Grand Rapids, 1972.
- Bienert, W. A., *Dogmengeschichte*, (Grundkurs Theologie Bd. 5, 1= UB Bd. 425, 1), Stuttgart/Berlin/Köln, 1997.
- Blank, J., *Jesus von Nazareth. Geschichte und Relevanz*, Freiburg-Basel-Wien, 1972.
- *Boff*, L., *Jésus-Christ libérateur. Essai de christologie critique*, Paris 1974 ;

- Bonane Bakindika, J., *Le mystère de la trinité comme style de vie et forme de pensée dans le christianisme africain*, Paris, L'Harmattan, 2015.
- Bonhoeffer, D., *Vivre en disciple: le prix de la grâce,* Labor et Fides, 2009.
- Boularand, E., *L'Hérésie d'Arius et la « foi » de Nicée. Première partie. L'hérésie d'Arius*, Paris, 1972.
- Bourgeois, D., *Jésus de Nazareth*, Paris 2017.
- Buetubela Balembo, « Aux sources de l'Église-Famille de Dieu. La fraternité en Jésus Christ, premier-né (Rm 8, 29) », in : *Telema* 1-2 (1997), 69-75.
- Bujo, B., « Das Christentum und die Religion Afrikas : Situation und Perspektiven des Dialogs », in : *Zeitschrift für Missionswissenschaft und Religionswissenschaft* 91 (2007), 81-92.
- _______, *Introduction à la théologie africaine*, Fribourg, 2008,
- Chenu, B., « La théologie africaine vue par l'Église de l'Occident », in : *Théologie africaine. Bilan et perspectives*, 391-401.
- Cullmann, O., *Christologie des Neuen Testaments,* Tübingen, 1963[3](trad. fr. *Christologie du Nouveau Testament,* Paris, 1958).
- Debarge, L., « Solidarité », in: *Catholicisme. Hier, Aujourd'hui, demain.* Encyclopédie sous le patronage de l'Institut catholique de Lille par G. Mathon et G.-H. Baudry, 64 Sida-Solitude, Paris, Letouzey et Ané, 1994, 246-250.
- Diatta, N., « Et si Jésus-Christ, premier-né d'entre les morts était initié ? La personnalité de l'unité Joola face au Christ », in : *Telema 15* (1989), 49-72 ;
- ________, « Jésus-Christ initié et initiateur », in : *Théologie africaine. Bilan et perspectives. Actes de la Dix-Septième Semaine théologique de Kinshasa 2-8 Avril 1989*, Kinshasa, 1989, 137-154.

- Eboussi Boulaga, F., *Christianisme sans fétiches. Révélation et domination*, Paris, 1982.
- Ela , J.-M., *De l´assistance à la libération. Les tâches actuelles de l´Eglise en milieu africain*, Paris, 1981.
- ________ et Luneau, R., *Voici les temps des héritiers. Eglises d´Afrique et voies nouvelles*, Paris 1981 ;
- ________, *Cri de l´homme africain*, Paris 1980.
- _______, J.-M., *Ma foi africain*, Paris, 1985, 202.
- _______, *Ma foi d´Africain*, Paris, 1985.
- _______, *Repenser la théologie africaine. Le Dieu qui libère*, Paris, 2003.
- _______, *Repenser la théologie africaine. Le Dieu qui libère*, Paris, 2003.
- Essen, G., « Jesus als Christus heute. Die Schwierigkeiten gegenwärtiger christologischer Reflexion », in : *Herder Korrespondanz Spezial. Jesus von Nazareth* (Mai 2007), 23-26.
- Euvé, F. s.j., «Découvrir la dimension cosmique du Christ », in : *Revue internationale de théologie et de spiritualité*, 3 (2008), 51-65.
- Fabris, R., *Gesù di Nazareth. Storia e interpretazione*, Cittadella editrice, 1983.
- ________, *Gesù il « Nazareno ». Indagine storica*, Cittadella, 2012.
- Fichtner, E., « Christ als Arzt. Ursprünge und Wirkungen eines Motivs », in : *Frühmittelalterliche Studien* 16 (1982), 1-18.
- Forte, B., *Jésus de Nazareth. Histoire de Dieu-Dieu de l´histoire*, Paris, 1984.
- Fox, M., *The coming of cosmic Christ*, San Francisco, 1988.
- François, Lettre Encyclique *Laudato Si. Sur la sauvegarde de la maison commune*, Vatican, 2015, n° 96-98.
- Fuchs, O., « Unerhörte Klage über den Tod hinaus! Überlegungen zur Eschatologie der Klage », in: *Jahrbuch Biblischer Theologie, Bd. 16: Klage*, Neukirchen-Vluyn 2001, 347-379;

- ________, *Das Jüngste Gericht. Hoffnung auf Gerechtigkeit*, Regensburg, 2007.
- ________, *Das Jüngste Gericht. Hoffnung auf Gerechtigkeit*, Regensburg, 2009[2].
- Gnilka, J., *Jesus von Nazareth. Botschaft und Geschichte*, Freiburg-Basel-Wien, 2004[6].
- Gonzalez de Cardedal, *Jesus de Nazareth. Approximation à la Cristologie*, Madrid, 1978 ;
- Grillmeier, Card. A., *Le Christ dans la tradition chrétienne I. De l'âge apostolique au concile de Chalcédoine (451)*, 2° édition revue et corrigée, Paris, 2003.
- Healey, J. MM et Sybertz, , D. MM., *Towards an African Narrative Theology*, Nairobi, 1996.
- Hebga, M., *Emancipation d'Églises sous tutelle*, Paris, 1976.
- Herzog, M., « *Christus medicus, apothecarius, samaritanus, balneator. Motive einer „medizinisch-pharmazeutischen Soteriologie"* », in : *Geist und Leben* 67 (1994), 414-434 ;
- Hünermann, P., *Jesus Christus, Gottes Wort in der Zeit. Eine Systematische Christologie*, Münster 1997.
- Institut Catholique de Paris, *De Jésus à Jésus, Tome II. Christ dans l'histoire*, Actes du colloque de Paris 24-25 mars 2011, Paris, 2011.
- Jean-Paul II, Exhortation apostolique, *Ecclesia in Africa*, Paris, 1995.
- Kä Mana, *Théologie africaine pour le temps de crise. Christianisme et reconstruction de l'Afrique*, Paris, 1993.
- ________, *Christ d'Afrique. Enjeux éthiques de la foi africaine en Jésus Christ*, Paris-Nairobi-Yaoundé-Lomé, 1994.
- ________, *La nouvelle Evangélisation en Afrique*, Paris et Yaoundé, 2000.

- Kabasele Mukenge, A., *La Parole se fait chair et sang. Lectures de la Bible dans le contexte africain*, Kinshasa, 2003.
- Kabasele, F., « Le Christ comme ancêtre et aîné », in: F. Kabasele, J. Doré, et R. Luneau, *Chemins de la christologie africaine*, 137.
- Kahola Tabu, O., *Ménages et pratiques de la solidarité à Lubumbashi. Transferts des parents, stratégies de cohésion et vie conjugale*, Bruxelles, inédit, 2012-2013.
- Kalola Bupe, P., « De la place du mythe dans la philosophie de Hubert Mono Ndjana à la conception intégrale du mythe », in : L. Mpala Mbabula, *La philosophie négro-africaine en marche. Dialogue avec le philosophe camerounais Hubert Mono Ndjana*, Saint-Denis, 2019, 29-108
- _______________, *La valeur du mythe*, Saint-Denis, 2017.
- _______________, *Unité et pluralité de la christologie. Vers un paradigme mythique en théologie africaine*, Saint-Denis, 2015, 13.
- _______________, « Sotériologie de la solidarité comme réponse chrétienne au défi de la violence religieuse », in : *Chemchem. Bulletin annuel des Instituts de Philosophie et de Théologie des Salésiens de don Bosco au Congo*, 15-16 (s.d), 141-161.
- Kaobo Sumaidi, E., *Christologie africaine (1956-2000). Histoire et enjeux* , Paris, 2008.
- Kasper, W., *Jésus le Christ*, trad. française, Paris, 2010.
- __________, « Tâches de la christologie actuelle », in: A. Schilson, et W. Kasper, *Théologiens du Christ aujourd'hui*, trad. fr., Coll. « Jésus et Jésus-Christ n° 15 », Paris, 1978, 169-190.
- __________, *La théologie et l'Église*, trad. française par J. Hoffmann, Paris, 1990.
- __________, *Le Dieu des chrétiens*, trad. française par M. Kleiber, Paris 1996.

- Kelly, J. N. D., *Early Christian Creeds*, London-New York, 2006[3].
- Kessler, H., « Christologie », in : Schneider, Th. (Hrsg.), *Handbuch der Dogmatik*, Bd 1, Erarbeitet von B.-J. Hilberath, et alli, Düsseldorf, 2002, 385.
- Kiadi Nkambu, A.-J., *Le mystère de Dieu. Dieu-avec-nous-la révèlation d´un partenariat de vie. Contribution à la notion du mystère chez K. Rahner, E. Jüngel, H. U. von Balthasar*, Frankfurt am Main, 2014.
- Kieffer, R., *Jésus Raconté. Théologie et spiritaulité dans les évangiles,* Paris, 1996.
- Kisito Essele Essele, *La Trinité visitée: propositions pour une approche trinitaire en Afrique subsahélienne,* (Thèse), Strasbourg, 2008.
- Knop, J. « Soteriologische Motive », in W. Beinert, & B. Stubenrauch, (Hrsg.), *Neues Lexikon der katholischen Dogmatik*, Freiburg im Breisgau, 2012, 595-601.
- Kofi Appiah-Kubi, « Jesus Christ. Some christological Aspects from African Perspectives », in : J. S. Mbiti, (éd.), *African and Asian Contributions to contemporary Theology*, Bossey, 1977, 51-65.
- Kokou Akotia, B., « Pourquoi les peuples d´Afrique connaissent Dieu sans lui rendre un culte ? Les enjeux du culte africain », in : *Cahiers des Religions Africaines*, Nouvelle série. Volume 1, n. 1 (Avril 2020), 39-56
- Kolié, C., « Jésus Guérisseur », in : F. Kabasele, , J. Doré, et R. Luneau, *Chemins de la Christologie africaine*, 167-193.
- Lacocque, A., *Jésus, le juif central*, Paris, 2018 (original en anglais en 2015).
- Lauret, B., « Christologie dogmatique », in: Lauret, B. & Refoulé, F., *Initiation à la pratique de la théologie. Tome II. Dogmatique I*, Paris, 1982.
- Long, D., *Jésus de* Nazareth, *Juif de* Galilée, Paris, 2011 ;

- Lothar, U., «Hypostatische Union», in : W. Beinert, *Lexikon der katholischen Dogmatik*, Freiburg-Basel-Wien, 1997, 276-282.
- Luka Lusala Lu Ne Nkuka, SJ., *Jésus –Christ et la religion africaine. Réflexion christologique à partir de l'analyse des mythes d'Osiris, de Gueno, d'Obatala, de Kiranga et de Nzala Mpanda*, Rome, 2010.
- Luyeye Luboloko, « Le Christ initiateur: proposition méthodologique », in: *Théologie africaine. Bilan et perspectives,* 155-160.
- Marguérat, D., *Vie et Destin de Jésus de Nazareth. Que sait-on de Jésus aujourd'hui*, Paris, 2019.
- Masumbuko Manunguri FMS, *The closeness of the God of our Ancestors*, Nairobi, 1998.
- Matand, D., *Les présupposés anthropologiques de la communion trinitaire chez Gisbert Greshake. Une relecture à partir de la perspective négro-africaine,* Frankfurt am Main, 2013.
- Mbembe, A., « Christianisme et invention des sociétés-africaines », in *Foi et Développement* 40 (1986), 2.
- Mbiti, J. S., « Afrikanische Beiträge zur Christologie », in : V. G. Vicedom, (hrsg.), *Theologische Stimmen aus Asien, Afrika und Lateinamerika* III, München, 1968, 72-85.
- ___________, « Some African Concepts of Christology », in : V. G. Vicedom, (éd.), *Christ and Younger Churches*, London, 1972, 51-62.
- Meier, J.-P., *A Marginal Jew : Rethinking the Historical Jesus, Vol. 1, The Roots of the Problem and the Person,* Yale University Press 1991 ; *vol. 2, Mentor, Message, and Miracles, 1994 ; vol. 3, Companions and Competitors, 2001 ; vol. 4, Law and Love, 2009 ; vol. 5, Probing the authenticity of parables*, 2016 (trad. française *Un certain juif, Jésus. Les données de l'histoire, vol. 1, Les sources, les origines, les dates,* Paris *2004 ; vol. 2, La parole et les gestes,* 2005 ; vol. 3, *Attachements,*

affrontements, ruptures, 2005 ; vol. 5, Enquête sur l´authenticité des paraboles, 2018).

- Menke, K.-H., *Jesus ist Gott der Sohn. Denkformen und Brennunkte der Christologie,* Regensburg, 2008.
- Messi Metogo, E., « Le Salut dans l´Afrique d´aujourd´hui. Perspectives christologiques », in : *Repenser le Salut chrétien dans le contexte africain. Actes de la XXIIIème semaine théologique de Kinshasa du 10 au 15 mars 2003,* Kinshasa, 2004, 151-160.
- Moltmann, J., « Chritus-Gottes Gerechtigkeit », in: *Stimmen der Zeit* 219 (2001)H. 8, 507-519;
- ____________, « Jesus Christus. Gottes Gerechtigkeit in der Welt der Opfer und Täter », in: *theologie aktuell. Die Zeitschrift der Theologischen Kurse,* Heft 02/25 Jahrgang 2009/10, 5-18.
- ____________, J., *Jésus le Messie de Dieu,* Paris, 1993.
- Mühlen, H., « L´événement de l´Esprit dans l´événement Jésus-Christ », in: *Mysterium Salutis,* vol. 13, Paris, 1972, 191-209.
- Mukenge, G., « Une spiritulité africaine du mariage chrétien chez les bantu de l´Afrique : la Jamaa », in : *Revue du Clergé Africain,* 25 (1970), 151-172.
- Mußner, F., « Christologsche Homologese und evangelische Vita Jesu », in : Schlier, H. ,Mußner, F., Ricken, F. et Welte, B., *Zur Frühgeschichte der Christologie,* Quaestiones Disputatae 51, Freiburg-Basel-Wien, 1970.
- Mveng, E., « Christus der Initiationsmeister », in : Sundermeier, T.(Hrsg.), *Zwischen Kultur und Politik. Texte zur afrikanischen und schwarzen Theologie,* Hamburg, 1978, 78-82.
- Mveng, E., « La théologie africaine de libération », in : *Concilium* 219 (1988), 31-51.

- Namwera, L. Shorter, A., Nasimiyu-Wasike, A., a.u, *Toward African Christian Liberation*, Nairobi, 1990.
- Ndongala Maduku, I., « Jean-Marc Ela (1936-2008) ou le bonheur de faire "la théologie sous l´arbre"», in: *Nouvelle Revue Théologique* 131 (2009), 557-569.
- Ngindu Mushete, A., « La figure de Jésus dans la Théologie africaine », in : *Concilium* 216 (1988), 91-99 ;
- ___________________, *Les thèmes majeurs de la Théologie africaine*, Paris, 1989.
- ___________________, A.,, « Courants actuels de la théologie africaine », in: *Bulletin de Théologie Africaine* 12 (1984), 247-252 ;
- Ngwezi ya Kuiza, H., *Jésus-Christ peut-il être africain ? La longue marche des chrétiens et théologiens africains dans leur rencontre avec Jésus Christ,* ED Havine (Belgique) 1993.
- Njila Jibikilayi, G., *Dire la Trinité aujourd´hui : Éléments pour un discours théologique pertinent en contexte africain*, Édition du Panthéon, 2013.
- _________________, *Jésus-Christ le témoin critique et propositions pour le renouveau de la christologie africaine des titres*, Kinshasa 2018.
- Nsanguluja Cisungu, P., « L´Afrique noire face à la crise écologique. Pour une gestion équilibrée de la nature », in : *Cahiers des Religions Africaines*, Nouvelle série. Volume 1, n. 1 (Avril 2020), 89-110.
- Ntetem, M., *Die negro-afrikanische Stammesinitiation. Religionsgeschichtliche Darstellung. Theologische Wertung. Möglichkeit der Christianisierung,* Münsterschwarzach, 1983.
- Nyamiti, C. « Christ´s resurrection in the Light of African tribal Initiation Ritual », in: *Revue Africaine de Théologie* 3 (1979), 33-53.
- ___________, « The Trinity from an African Ancestral Perspective », in : *African Christian Studies* 12 (1996), 47.

- __________, *Studies in African Christian Theology.* Vol. 1, *Jesus Christ, the Ancestor of Humankind: Methodological and Trinitarian Foundations*, Nairobi, 2005.
- __________, *Studies in African Christian Theology.* Vol. 2, *Jesus Christ, the Ancestor of Humankind : An Essay on African Christology*, Nairobi, 2006.
- Owimo Kombo, J. H., *The Doctrine of God in African Christian Thought. The Holy Trinity. Theological Hermeneutics and the African intellectual Culture*, Boston 2007.
- Oyibo, I., *Aspekte afrikanischer Eschatologie aufgezeigt am Beispiel des Ahnenkults bei den Igala von Nigeria. Ein Kernelement afrikanischer Religiosität als Anfrage an den christlichen Glauben*, München, 2003.
- Pannenberg, W., *Esquisse d´une christologie*, trad. française, Paris, 1971.
- Penoukou, E. J., « Introduction », in : *Les évêques d´Afrique parlent (1969-1991). Documents pour le Synode africain*, textes rassemblés par M. Cheza, H. Derroite, et R. Luneau, Paris, 1992.
- __________, « Christologie au village », in : F. Kabasele, J. Doré, et R. Luneau, *Chemins de la christologie africaine*, 79-111.
- __________, « Le salut dans l´Afrique d´aujourd´hui. Perspectives christologiques », in : Semaines Théologiques de Kinshasa, *Repenser le salut chrétien dans le contexte africain. Actes de la XXIIIe Semaine Théologique de Kinshasa du 10 au 15 mars 2003*, Facultés catholiques de Kinshasa, 2004, 151-160.
- Pröpper, Th. « „Daß nichts uns scheiden kann von Gottes Liebe..." Ein Beitrag zum Verständnis der „Endgülgkeit" der Erlösung », in: Id., *Evangelium und Freie Vernunft. Konturen einer theologischen Hermeneutik*, Freiburg-Basel-Wien, 2001, 40-56.

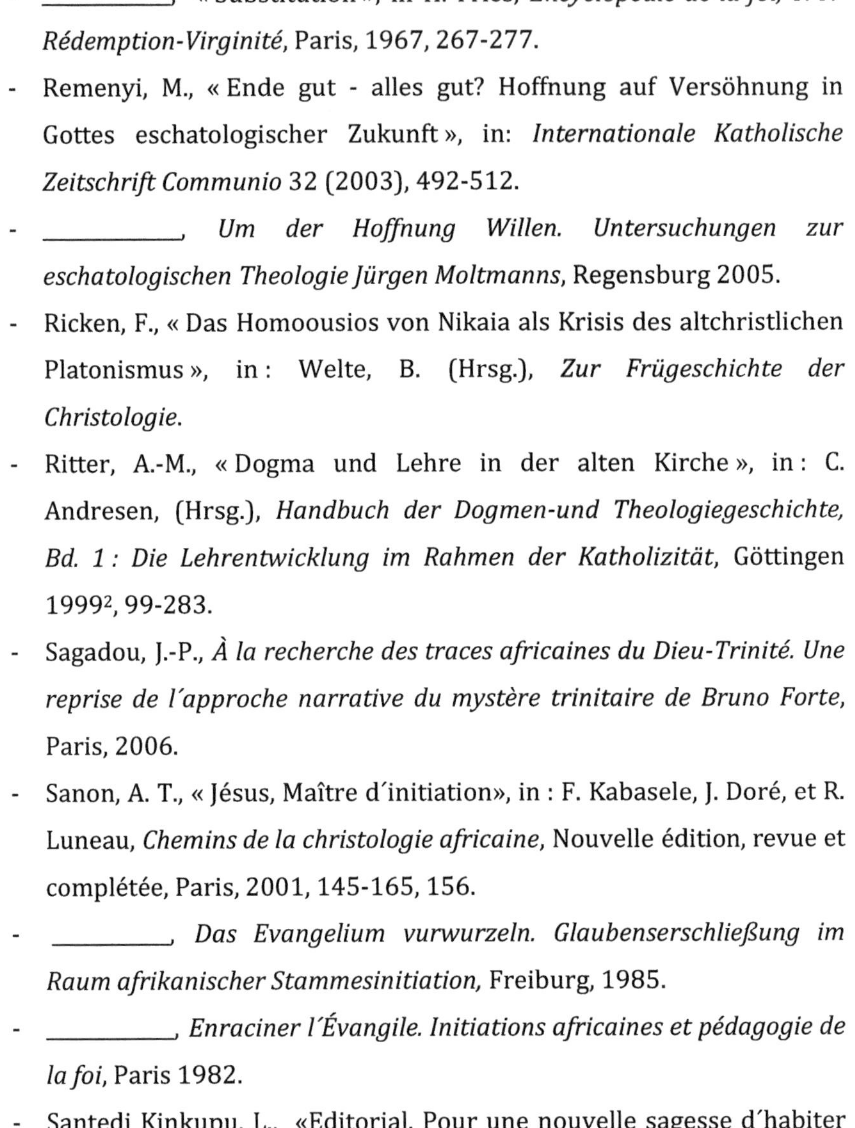

- Ratzinger, J. /Benoît XVI, *Jésus de Nazareth. 1-3 parties*, Ed. du Rocher, 2007-2012.
- __________, « Substitution », in H. Fries, *Encyclopédie de la foi, T. IV Rédemption-Virginité*, Paris, 1967, 267-277.
- Remenyi, M., « Ende gut - alles gut? Hoffnung auf Versöhnung in Gottes eschatologischer Zukunft », in: *Internationale Katholische Zeitschrift Communio* 32 (2003), 492-512.
- __________, *Um der Hoffnung Willen. Untersuchungen zur eschatologischen Theologie Jürgen Moltmanns*, Regensburg 2005.
- Ricken, F., « Das Homoousios von Nikaia als Krisis des altchristlichen Platonismus », in : Welte, B. (Hrsg.), *Zur Frügeschichte der Christologie.*
- Ritter, A.-M., « Dogma und Lehre in der alten Kirche », in : C. Andresen, (Hrsg.), *Handbuch der Dogmen-und Theologiegeschichte, Bd. 1 : Die Lehrentwicklung im Rahmen der Katholizität*, Göttingen 1999^{2}, 99-283.
- Sagadou, J.-P., *À la recherche des traces africaines du Dieu-Trinité. Une reprise de l'approche narrative du mystère trinitaire de Bruno Forte*, Paris, 2006.
- Sanon, A. T., « Jésus, Maître d'initiation», in : F. Kabasele, J. Doré, et R. Luneau, *Chemins de la christologie africaine*, Nouvelle édition, revue et complétée, Paris, 2001, 145-165, 156.
- __________, *Das Evangelium vurwurzeln. Glaubenserschließung im Raum afrikanischer Stammesinitiation*, Freiburg, 1985.
- __________, *Enraciner l'Évangile. Initiations africaines et pédagogie de la foi*, Paris 1982.
- Santedi Kinkupu, L., «Editorial. Pour une nouvelle sagesse d'habiter le monde », in : *Revue Africaine de Théologie, écologie et théologie africaine*, 25 (2004), 169

- ____________________, *Dogme et inculturation en Afrique. Perspective d'une théologie de l'invention*, Paris, 2003.
- Sattler, D., *Erlösung ? Lerhbuch der Soteriologie,* Freiburg-Basel-Wien, 2011.
- Sauser, E., « Christus Medicus-Christus als Arzt und seine Nachfolger im frühen Christentum », in : *Trierer Theologische Zeitschrift* 101 (1992), 101-123 ;
- Scarin, P. A., « La théologie africaine vue par l'Église d'Italie », in : *Théologie africaine. Bilan et perspectives*, 403-410.
- Schillebeeckx, E., *Jesus. Die Geschichte von einem lebenden*, trad. allemande, Freiburg-Basel-Wien, 1975.
- Schnackenburg, R., « La christologie du Nouveau Testament », In : *Mysterium Salutis. Dogmatique de l'histoire du salut*, t. 10, *La christologie dans le Nouveau Testament et le dogme*, par R. Schnackenburg, & P. Smulders, Paris, 1974, 54.
- _________________, *Jesus Christus im Spiegel der vier Evangelium*, Freiburg-Basel-Wien, 1998.
- Selvetico et D. Strahm, P., *Jesus Christus. Christologie*, Studiengang Theologie VI, 2, Zürich, 2010.
- Sesboüé, B., *Jésus christ l'unique médiateur. Essai sur la rédemption et le salut, T.1 Problématique et relecture doctrinale*, (Coll. Jésus et Jésus Christ, 33), Paris, 1988.
- ___________, *Jésus-Christ dans la tradition de l'Église*, revue, corrigée et mise à jour, Paris, 2000[2]
- ___________, *Le Christ hier, aujourd'hui et demain*, Paris, 2004.
- Setiloane, G. M., «Où en est la théologie africaine ? », in : *Libération ou adaptation ? La théologie africaine s interroge*, Paris, 1979.
- Sobrino, J., *La fe en Jesuchristo, Ensayo desde las victimas*, Madrid, 1999.

- Stadler, P., « Approches christologiques en Afrique », in : *Bulletin de Théologie Africaine* 9 (1983), 35-49.
- Tück, J.-H., « Unversöhnt in alle Ewigkeit? Hartmut Langes Novelle Das Konzert und die Hoffnung auf Versöhnung », in: W. Kardinal Kasper, & G. Augustin (Hrsg.), *Hoffnung auf das ewige Leben. Kraft zum Handeln heute*, Freiburg-Basel-Wien, Herder 2015, 141-165.
- _________, *Christologie und Theodizee bei Johann Baptist Metz. Ambivalenz der Neuzeit im Licht der Gottesfrage*, Paderborn, [2]2001.
- _________, « Auf Seiten der Leidenden. Gethsemani, Golgotha und die Hoffnung auf Gerechtigkeit », in: Id. (Hrsg.), *Passion aus Liebe. Das Jesus-Buch des Papstes in der Diskussion*, Ostfildern, Grünewald, 2011, 234-261.
- _________, « In die Wahrheit kommen. Das Gericht Jesu Christi: Annäherungen an ein eschatologisches Motiv », in: Th Herkert, & M. Remenyi, (Hrsg.) *Zu den letzen Dingen. Neue Perspektiven der Eschatologie*, Darmstadt, 2009, 99-122.
- _________, « Inkarnierte Feindesliebe. Der Messias Israels und die Hoffnung auf Versöhnung », in: H. Hoping, & J.-H. Tück, (Hrsg.), *Streitfall Christologie. Vergewisserungen nach der Shoah* (Quaestiones Disputatae, 214), Freiburg im Breisgau, 2005, 216-258.
- _________, « Juge et sauveur: une approche eschatologique », in: *Communio* (F), 5 (2009), 7-18.
- _________, « Versöhnung zwischen Tätern und Opfern? Ein soteriologischer Versuch angesichts der Shoah », in: *Theologie und Glaube* 89 (1999), 364-381;
- _________, «Jesus Christus –Gottes Heil für uns. Eine dogmatische Skizze », in : Hotze, G. Niklas, T. Tomberg, M. et Tück, J.-H., *Jesus begegnen. Zugänge zur Christologie*, Freiburg-Basel-Wien, 2009.

- Tutu, D., « Théologie africaine et théologie chrétienne », in : Id., *Prisonnier de l'espérance*, présentation et choix des textes par B. Chenu, Paris, 1984.
- Ung'eyowun Bediwegi, « Une théologie africaine de la reconstruction ? », in : *Revue Africaine de Théologie*, 47-48 (2000), 189-195.
- Vande Kerkhove, J.-L., « Quelle christologie pour l'Afrique sud-saharienne du troisième millénaire », in : Sodi, M. (A cura di), *"SUFFICIT GRATIA MEA". Miscellenea di studi offerti a Sua Em. Il Card. Angelo Amato in occasione del suo 80° genetico*105. Cité de Vatican, 2019, 99-113.
- Wells, P., « Jésus-Christ et l'eschatologie », in : *Revue réformée* T. LVII, 2(Mars 2006), consulté sur http://larevuereformee.net en date du 8 Août 2020.
- Zimmermann, R, « *Du wirst noch Größeres sehen...(Joh 1, 50). Zur Ästhetik der Christologie im Johannesevangelium-Eine Skisse »,* in: Frey, J., Rohls, J. & Zimmermann, R., *Christologie und Metaphorik*, Berlin-New York, 2003, 93-110.
- ________, *Christologie der Bilder im Johannesevangelium. Die Christopoetik des vierten Evangeliums unter besonderer Berücksichtung von Joh 10,* Tübingen, 2004, 405-446.

Table des matières

Printed by Books on Demand GmbH, Norderstedt / Germany